よくわかる
在宅就業障害者支援制度の活用と事例

「みなし雇用」のすすめ

出縄 貴史／吉田 岳史 共著

障害のある方やその家族、発注企業、支援団体等に周知・理解・活用してもらうために、知識やノウハウをまとめた1冊！

松井亮輔氏（法政大学名誉教授）、中島隆信氏（慶應義塾大学教授）の特別寄稿、
竹中ナミ氏（ナミねぇ）（プロップステーション理事長）へのインタビュー他
専門家による解説・コラムを収録！

日本法令

はじめに

　「在宅就業障害者支援制度」は、自宅ならびに就労支援を行う福祉施設等を利用する障害者に仕事を発注する企業に対して、障害者雇用納付金制度において、特例調整金・特例報奨金が支給され、企業から障害者への仕事の発注を奨励する制度です。しかし、その名称に「在宅」とあることから文字どおりの自宅での就業を連想させ、福祉施設等を利用する障害者にも適用できるということが認知されず、その他の理由も重なり十分に活用されていないのが実情です。本制度は障害者雇用促進法に定める労働施策でありながら、雇用が叶わぬ障害者が利用する福祉的就労分野にも焦点を当てた制度であり、昨今、「福祉」と「労働」の連携の必要性が指摘される中で画期的な制度といえます。

　まずは制度の名称をわかりやすく変更することが急務ですが、それ以外にも改定すべき点を検討して、障害者・企業・支援団体の関係者が、よりメリットを享受できる制度に発展させることが求められています。

　現在、国を挙げて取り組んでいる「働き方改革」は、少子高齢化や生産年齢人口の減少という構造的な問題を背景として「一億総活躍社会」を打ち出し、障害者の雇用・就業の推進に向けても同様に、本人の希望や能力、適性を活かし、障害特性を踏まえて活躍できる社会、障害者とともに働くことが当たり前の社会を目指しています。有識者による「今後の障害者雇用制度の在り方に関する研究会」報告書（2018年7月30日）もまとめられました。「在宅就業障害者支援制度」の普及・活用も課題に盛られ今後の動向が注目されます。

　本書は、本制度をより多くの人に周知・理解・活用してもらうために発行され、障害のある方々や企業、支援団体および関係者が本制度を活用するための知識やノウハウを取りまとめました。

　本制度は、雇用以外の働き方について選択肢を拡大すべく、企業等

に対する障害者への発注奨励策として導入されましたが、特に、障害者が一般雇用に移行するに当たっての準備期間として、職業能力を高め職業経験を積むという側面を重視しています。

　一方、私は、法定雇用率に基づく雇用至上主義に問題意識を有し、「福祉から雇用へ」というスローガン自体にもある種の違和感を持ち続けてきました。福祉施設を利用する多くの方たちと接する中で、最低賃金レベルの職業能力や生産性を発揮し一般雇用に適応できる方がどれだけいるのかという率直な疑問を抱かざるを得ないのです。企業へ就職した方が職場に定着できず施設へ戻って来てしまう事例も多いのです。9万人もの障害者が就職したと報じられる一方で、実雇用者の増加はその4分の1にも満たないのです。いわゆる「雇用のミスマッチ」が極めて多いことを裏付けています。

　もちろん、雇用に手が届く方は、「福祉から雇用へ」キャリアアップを図ることは望ましいことです。職場への定着支援も喫緊の課題です。しかしながら、職業能力や生産性にハンディを有す障害者、特に就労継続支援B型（非雇用型）の福祉施設を利用する22万人を超える方々の多くは、一般雇用へ移行することは困難で福祉的就労に依存せざるを得ないのが実情です。ならば、この福祉的就労自体を底上げすることが重要ではないか、少なくとも、障害基礎年金と合わせ自立可能といわれる最低賃金の3分の1程度まで工賃を高め「自立可能な福祉的就労」を目指すべきではないかというのが持論です。

　障害者の就労対策は、法定雇用率といった数値目標のみならず「ディーセント・ワーク」（Decent Work：働き甲斐のある人間らしい仕事）を実現すべく、雇用の「質」をより重視する必要性を痛感しています。法定雇用率ありきの雇用至上主義の中で、官公庁や地方行政における障害者雇用率の水増しが行われていたという事実も報じられ愕然としました。雇用至上主義の弊害・限界を象徴的に示す事態となりました。これからは、一般雇用を基軸としつつも雇用一辺倒ではなく、福祉的就労分野も含めたバランスを考慮した就労対策が求めら

れます。

　そこで、「在宅就業障害者支援制度」の趣旨に、企業への発注奨励により福祉的就労の底上げを図るという側面を加えて然るべきというのが私見であり、さらに、発注ベースの場合も当該発注企業の法定雇用率に加算する「みなし雇用制度」を導入することを強く主張しています。現時点、残念ながら、国は、本制度を福祉的就労自体の底上げに積極的に活用する考えは希薄であり、「みなし雇用制度」の導入にも直接雇用が阻害されるとして消極的です。これも、例えば、直接雇用を一定の割合（例えば2.0％）まで義務付け、それを上回る部分は発注ベースの「みなし雇用」も認めるというように制度の内容を工夫すれば問題ないはずですが、なかなか思うようには進みません。国は、法定雇用率の水増しにより「健常者を障害者とみなす」というとんでもない「みなし雇用」を行っていたわけです。謙虚に反省して、本来在るべき制度改定を真剣に考えていただきたいと切望します。

　本制度の解説をするに相応しい方は、他にもおられるはずですが、私も本制度への思い入れは人一倍強く、せっかくのチャンスでもあり大切にしたいと思いました。ただし、制度の普及・活性化に向けた提言をはじめ、上記のような私論を各所に色濃く反映している点は、ご容赦いただきたいと思います。また、「在宅就業障害者支援制度」を発展させた「みなし雇用制度」の導入をベースとして、福祉施設を利用する障害者に労働者としての権利をいかに保全するかという「労働者性」の問題を含めて、将来に向けた障害者就労の再構築・イノベーションについても拙論を収録させていただきました。

　本書の執筆依頼を受けた際、これまで私が取り組んできた事例は、すべて福祉施設への発注の場合で、文字どおりの自宅でのテレワーク型の在宅就業の経験に欠けるということから、即断できませんでした。そこで、この分野に豊富な実績とノウハウを有する社会福祉法人東京コロニーの吉田岳史氏に共同執筆者として参加いただくこととしまし

た。ご快諾をいただいた吉田様ならびに全面的なご協力をいただいた東京コロニー様には厚くお礼申し上げます。

　「特別寄稿」に応じてくださった松井亮輔先生（法政大学名誉教授）、中島隆信先生（慶應義塾大学商学部教授）、久保寺一男様（全Ａネット理事長）ならびにインタビューや解説、コラム記事のご寄稿においてご支援いただいた竹中ナミ様（プロップ・ステーション理事長）、眞保智子先生（法政大学現代福祉学部教授）、大越健一様（経済アナリスト）、羽塚順子様（MotherNess Publishing 代表）はじめご協力賜りました皆様に、心より感謝申し上げます。事例紹介においては、本制度を活用して先進的なお取組みをされている社会福祉法人すずらんの会の矢嶋正貴様、社会福祉法人足柄緑の会の池谷公治様に特段のご配慮を賜りました。本制度の今後の展開や、これからの障害者雇用を考える上で、皆様から寄せられた情報・問題意識やご提言は、極めて示唆に富むものであり、本書の内容を格段に高めることができました。

　また、厚生労働省障害者雇用対策課地域就労支援室、独立行政法人高齢・障害・求職者雇用支援機構ならびに神奈川労働局の皆様には、日頃のご指導に加えて本書発行に際しても真摯に相談に応じていただき種々ご教示を賜りました。

　最後に、本書執筆を勧めてくださり、適切な助言を与えて取りまとめていただいた日本法令出版課の三木治氏のご支援に心より感謝申し上げる次第です。

　本書が、本制度の活用と普及・促進ならびに今後の制度・施策の検討に向けて少しでもお役に立てれば幸いです。

出縄　貴史

~目 次~

障害者雇用を取り巻く環境と在宅就業障害者支援制度への期待

1 障害者雇用の現状と課題 12
2 「在宅就業障害者支援制度」に対する期待 15
（1）在宅就業障害者支援制度の概要 15
（2）在宅就業障害者支援制度の主な特徴 17
3 「在宅就業障害者支援制度」創設の歴史と背景 19
（1）在宅就業の歴史 ―1980年代から始まった草の根的な取組み 19
（2）在宅による「教育」の始まりと、在宅による「雇用」への拡がり 20
（3）通信技術の飛躍的な進化と、多様な働く形態の誕生の中で 1990年代 22
（4）制度化へ向けて「発注奨励」「仲介機関」「みなし雇用」に軸足を置く 23
（5）「在宅就業障害者支援制度」の誕生 27

|特別寄稿|

公的機関による雇用率水増し問題から見えてくること
法政大学名誉教授　松井亮輔 30

第2章 在宅就業障害者支援制度の概要

1　「在宅就業」とは？　38
2　制度の対象となる就業場所　40
3　特例調整金・特例報奨金　42
　（1）障害者雇用納付金制度における助成金　42
　（2）特例調整金・特例報奨金の算定と支給　44
　（3）特例調整金による「みなし雇用」効果　47
4　対象となる発注先／在宅就業支援団体　48
　（1）在宅就業支援団体の登録要件と実施業務　48
　（2）在宅就業支援団体が講ずべき措置　49
5　在宅就業契約の締結と業務の対価（仕事の報酬）　53
6　対象業務の内容　55
　（1）職種・作業種について　55
　（2）発注企業との業務契約　57
　（3）業務の実施と業務の対価（報酬）支給のタイミング　60
　（4）「賞与」（配分金の追加支給）の取扱い　60
　（5）悩ましい問題　～冷凍パンは対象外？～　61
7　制度の対象となる発注パターン　64
8　「発注証明書（在宅就業契約報告書）」の作成・交付　67
9　特例調整金・特例報奨金の申請手続　69

　　コラム　ウェルフェアトレード（自主製品）に光を！
　　　　　　MotherNess Publishing　羽塚順子　72

第3章 制度の活用メリットとインセンティブ

1　雇用以外の働き方〜在宅就業・福祉施設利用〜　80

2　在宅就業障害者本人のメリット　83

3　発注企業のメリット　85
　（1）外部委託・発注による合理化、コスト削減　85
　（2）特例調整金等の支給　86

4　在宅就業支援団体のメリット　87

　働きたいという思いがあれば働ける社会に！
　　　　　社会福祉法人東京コロニー 在宅就労グループ
　　　　　「es-team（エス・チーム）」所属　尾崎　新　91

解　説
　障害のある方の「在宅で働く」を考える
　　　　　社会福祉法人東京コロニー 職能開発室　堀込真理子　95

スペシャルインタビュー「この人に聞く」
社会福祉法人プロップ・ステーション理事長　竹中ナミさん(ナミねぇ)　100

第4章 制度の活用実績と具体事例

1　制度の活用実績　106
2　「在宅就業障害者マッチング事例集」など　109
3　ケーススタディー　112
　（1）自宅での就業　112

①未来検索ブラジルによるインターネット監視業務　　113
　　②日本社会福祉弘済会（日社済）によるWeb制作、グラフィックデザイン、DTP、広報誌編集ほか　　115
（2）サテライトオフィス　117
　　○アリストンホテルによる宿泊者データ入力業務、経理データ入力業務等　　118

コラム
テレワーク支援の全国ネットワーク「全障テレネット」を立ち上げて
　　　社会福祉法人東京コロニー　職能開発室　堀込真理子　121

（3）福祉施設での就業　123
　　①ホンダによる自動車部品組立作業等の発注　　123
　　②スリーエムジャパンによるテープ・リール検品・製品のクリーニング・梱包等の発注　　128
　　③GSユアサによるプラスチック成形の発注　　130

コラム　**「人間尊重」の企業理念とホンダ車部品事業**
　　　株式会社研進　代表取締役　出縄貴史　133

（4）施設外就労（企業内就労）　137
　　①スーパー「しまむら」によるバックヤード業務の発注　　138
　　②ピップ（株）による物流センター内業務の発注　　141
　　③公益財団法人神奈川県公園協会による「施設外就労」の発注／官公需への展開　　143

コラム　**ダイバーシティ・インクルージョンと「施設外就労」**
　　　経済アナリスト（元MS&AD基礎研究所株式会社　上席研究員）
　　　　大越健一　145

目次

第5章 在宅就業支援団体の登録と応用

1 在宅就業支援団体による企業と福祉施設の仲介 152

（1）福祉施設以外による在宅就業支援団体の登録
　　（在宅就業契約と福祉サービス契約の両立） 152
（2）複数の福祉施設への仕事の仲介 154
（3）期待される仲介業務（在宅就業支援団体）への参入 156

2 発注企業が複数の場合の「発注証明書」の作成 157

[特別寄稿]

就労支援事業における仕事の確保について
NPO法人就労継続支援A型事業所全国協議会理事長
久保寺一男　162

[解説]

ディーセントワークを実現するマネジメント
〜「どちらかというと得意なこと」に注目する〜
法政大学現代福祉学部教授　眞保智子　173

第6章 制度の普及・活性化と障害者就労の展望

1 制度の要改善点と普及・活性化に向けて 180

（1）制度の名称変更　180
（2）事務ロードの支援策　181
（3）特例調整金・特例報奨金の増額と支給要件　182
（4）「みなし雇用制度」の導入　183

（5）A型・B型事業所への発注に係わる制度の整合性　**184**
　（6）機械化・自動化との関連　**186**
　（7）制度の柔軟かつ弾力的な運用　**187**

2　障害者就労対策の再構築・イノベーション　**190**
　（1）福祉施設で働く障害者の労働者性　**192**
　（2）「労働者性」に関する具体事例からの問題提起　**196**
　（3）「労働者性」の基準～モデルケースにおける一考察～　**199**
　（4）「みなし雇用制度」による福祉的就労の底上げ
　　　　～最低賃金の3分の1以上を目指して～　**206**
　（5）まとめ　**209**

[特別寄稿]

「みなし雇用制度」の導入提言
　　　　　　　　　　慶應義塾大学商学部教授　中島隆信　**210**

巻末資料

　1　障害者雇用・就労および在宅就業支援関連年表　**218**
　2　障害者総合支援法における就労系障害福祉サービス　**222**
　3　在宅就業支援団体（厚生労働大臣登録）　**223**
　4　登録団体以外で支援活動をしている団体　**228**

あとがき　**231**

第 1 章

障害者雇用を取り巻く環境と
在宅就業障害者支援制度への期待

障害者雇用の現状と課題

　障害者がごく普通に地域で暮らすことができる「共生社会」実現の理念のもと、すべての事業主は、「障害者の雇用の促進に関する法律」（以下、「障害者雇用促進法」という）に定める法定雇用率以上の割合で障害者を雇用する義務を負っています。我が国の障害者就労対策は、1960年に身体障害者雇用促進法（当時）が施行されたことによりその土台が形成されましたが、当初、法定雇用は努力義務であり、しかも働く障害者は最低賃金法の適用対象の外におかれていました。1976年の法改正で民間企業に身体障害者の雇用義務を課したことを機に、順次、知的障害者や精神障害者を雇用義務の対象に追加するとともに、事業主の障害者差別禁止や合理的配慮の提供義務を課すなど制度・施策の拡充が図られてきました。さらにこの間、障害者就業・生活支援センターや就労系の福祉サービス事業所といった地域における就労支援機関の体制の充実や、障害者雇用に関するノウハウの蓄積、企業等における障害者雇用に対する意識の変化など、環境も大きく改善されてきました。

　2018年4月1日から精神障害者の雇用が義務化され、民間企業の法定雇用率は、2.2％（旧2.0％）に引き上げられました。さらに3年以内（2021年4月まで）に2.3％に引き上げられることが決定しています。2018年6月現在の障害者の実雇用率は2.05％、雇用者数は53万4,769.5人と増えていますが、法定雇用率達成企業は45.9％とここ数年でほぼ横ばい、依然として企業の半数以上は未達成となっています。我が国の法定雇用率は、他の欧州諸国（ドイツ5％、フランス6％等）と比較しても低いことから、今後も法定雇用率を基軸とした、いわゆる「割り当て雇用」が推進されるものと予想されます。

一方、福祉関連法制では、2006年施行の障害者自立支援法において、福祉施設を利用する障害者を一般雇用に導く「就労移行支援事業」が創設されました。「福祉から雇用へ」というスローガンのもと、障害者の就職を強力に推進する施策が講じられました。2年間という期限の訓練期間を設けて職業能力を高め雇用につなげようという取組みです。福祉施設への報酬も高めに設定されインセンティブも喚起し、福祉施設から一般雇用に向かう件数は著しく増加しました。2012年には、一部改正を行った障害者総合支援法が段階的に実施されましたが、就労移行支援事業に重点を置いた施策は継承されています（障害者総合支援法における就労系福祉サービス（就労移行支援事業、就労継続支援Ａ型事業、就労継続支援Ｂ型事業）の概要については222ページ巻末資料参照）。

このように、労働および福祉関連法に基づく障害者就労対策とともに、地域の就労支援機関の充実や企業における障害者雇用のノウハウの蓄積・意識の変化等もあり、障害者の就職件数は、次のとおり、10年前と比べると大きく増加し、いずれも過去最多を更新しています。

●2018年度　障害者の就職件数

障害種別	就職件数	10年前の就職件数（2008年度）	10年前との対比（増減率）
身体障害者	26,841	22,623	＋18.6％
知的障害者	22,234	11,889	＋87.0％
精神障害者	48,040	9,456	＋408.0％
発達障害・その他	5,203	495	＋951.1％

出典：厚生労働省報道発表資料より加工

特に近年は、知的・精神障害者の雇用の伸びが顕著で、障害者の就職件数は年間9万件を超える一方、看過できない実態や課題も顕在化してきました。障害者の就職件数は毎年増え続けているのですが、実雇用者数の増加はその4分の1にも満たないのが実情です。就職して

も定着できずに退職してしまう「雇用のミスマッチ」が多いことを裏付けています。特に知的・精神障害者の場合、コミュニケーションや人間関係の支障のほか、精神障害者にかかわる「体調の波」も継続雇用を困難とする要因となっています。

そのような実態を踏まえ、職場への定着を喫緊の課題として掲げ、企業や支援機関によるさまざまな取組みがなされています。

一方、法定雇用率ありきの姿勢への反省および障害者権利条約の批准等を背景に、国際的潮流である差別禁止・機会均等の観点から雇用の「質」をより重視すべきとの問題提起もなされています。障害者の就労対策、数値目標ももちろん重要ですが、「ディーセント・ワーク（Decent Work：働きがいのある人間らしい仕事）」を実現するという視点を常に念頭に置いておくことが肝要です。特に、障害程度や職業能力の面から一般就労が困難な方々の多くは、いわゆる「福祉的就労」（就労継続支援A型事業やB型事業等の福祉施設）に依存せざるを得ないのが実情です。「福祉的就労」の底上げの重要性も高まっているのです。一般雇用のみならず福祉的就労においても、「ディーセント・ワーク」を実現するための方策が求められています。「雇用」と「福祉」の格差是正や両者の連携・融合の必要性が指摘される所以です。

そのような中で、自宅や福祉施設で就業する障害者に仕事を発注する企業に対し、その発注額（または工賃支給額）に応じて障害者雇用納付金制度からインセンティブ（特例調整金・特例報奨金）が支給される「在宅就業障害者支援制度」が、今後の障害者就労・雇用を進める際の選択肢として期待されています。

「在宅就業障害者支援制度」に対する期待

（1）在宅就業障害者支援制度の概要

　政府が掲げている「一億総活躍社会」構想では、障害のある人の就労分野においても、「障害者の希望や能力に応じた多様な働き方を実現するための施策等を強力に推進する」としています。ICT（情報通信技術）を活用したテレワークの普及政策などに見られるように、時間、空間の制約を乗り越えて、障害者の意欲や能力に応じた仕事を提供する仕組みをつくるなど、障害者が希望や能力、適性を十分に活かして活躍できる社会を目指して、さまざまな対策を講じていくとしています。

　一方で、前述したように障害者の就職件数が毎年増え続けていく中で、それに比例するかのように職場定着に至らないケースが顕在化してきたことや、一定の場所や時間のもとで働くという「労働者性」が求められる仕組みの中では本来の力が発揮できないなど、働く意欲があるにもかかわらず自分の希望や適性にあった働き方が見つからず、働くステージを諦めざるを得ない障害者が依然として相当数存在していることがうかがえます。企業等が担っている雇用義務だけではおのずと限界があるばかりか、雇用のミスマッチの増加は大きな社会損失となりかねません。

　こうした中で2018年7月に厚生労働省「今後の障害者雇用促進制度の在り方に関する研究会」によってまとめられた報告書では、「多様な希望や特性等に対応した働き方の選択肢の拡大」に取り組むこととしており、本書のメインテーマ「在宅就業障害者支援制度」もその一つであるといえます。

第1章　障害者雇用を取り巻く環境と在宅就業障害者支援制度への期待

　「在宅就業障害者支援制度」とは、自宅または福祉施設等を利用する障害者（在宅就業障害者）に仕事を発注する企業等に対し、障害者雇用促進法に定める障害者雇用納付金制度において、発注額に応じて特例調整金・特例報奨金が支給される制度です。また、その仲介機関ともいえる「在宅就業支援団体」を介して障害者に仕事を発注する場合も支給の対象となり、実際にはこちらのケースのほうが実績の大半を占めています。

　よくこの制度について「在宅勤務のことでしょう？」と尋ねられますが、企業等が障害者と雇用契約を締結した上で、自宅などを就業場所とする在宅勤務とは異なるものです。あくまで「雇用されずに働いている障害者」を対象とした支援制度であり、しかも在宅就業障害者に対する直接的なサポートではなく、企業等への発注奨励を主としている点で、雇用を促進するための法律に盛り込まれていながら、雇用率には紐づかない施策であるといえます。

　本制度が創設されたのは2006年4月ですが、さらにその十数年前から障害者が通信技術等を活用して在宅で仕事を受注したり、企業と障害者の間に立って仕事を紹介する団体の自発的・草の根的な事例がすでに確認されており、政府による調査研究や支援事業も時限的あるいは試行的なものとはいえ相次いで導入されていました。そして、これらを後押しするかのように、発注奨励を軸とする在宅就業を「雇用以外の働き方として」、あるいは就業場所や就業時間などの選択可能性の観点から「就業機会の拡大をもたらすものとして」制度化されることとなり、さらには企業等による発注を通じた支援が大きく期待されることから「雇用の周辺施策である」との考えのもと、障害者雇用促進法の改正法に盛り込まれる形で本制度が導入されたのです。

　ちなみにこの年は、前年に制定された障害者自立支援法（現・障害者総合支援法）が施行された年でもあり、前述の「就労移行支援事業」が新たに設けられ「福祉から雇用へ」という方向性が強く打ち出された時期でもあります。労働法制と福祉法制の両面から、障害者雇

用/障害者就労移行支援という形でそれぞれの制度の進展・融合への試みがなされ、こうした背景の中で、働く選択肢の一つとして、在宅就業障害者支援制度が大きな期待を受けてスタートしたことがうかがえます。

（2）在宅就業障害者支援制度の主な特徴

　在宅就業障害者支援制度を理解していく上で特徴的な点は、主に4つあります。

> ① 企業等に対する障害者への発注奨励策であること
> ② その仲介機関として「在宅就業支援団体」を創設したこと
> ③ 雇用施策を中心とした「障害者雇用促進法」の改正法により、新たに規定されたこと
> ④ 「在宅就業障害者」には、文字どおり自宅等で就業する障害者の他に、就労系の福祉施設を利用する障害者も含まれていること

　他にも「一般雇用に向けた準備期間」という特徴もありますが、企業等に対する発注奨励という点は、労働法制にも福祉法制にも見られない先駆的なものといえます。また、①と②の関連性はよくわかりますが、③や④との相関性については一見すると乏しく、在宅就業支援団体の現場で働いていてもわかりづらいといった声を聞きます。ちなみに、④は制度発足後の2007年に加わったことで、大口の顧客と取引のある製造系の福祉施設などの在宅就業支援団体登録の増加が見られました。2019年6月現在、全国で22の在宅就業支援団体が登録されています。

　そこで、こうした特徴をもつに至った背景や、どのようにしてこの制度が必要となったのか、あらためてその歴史を紐解いてみたいと思います。

第1章　障害者雇用を取り巻く環境と在宅就業障害者支援制度への期待

　なお、「在宅就業」という用語は、この制度を機に「雇用とは異なる働き方」の一つとして使われるようになりました、それ以前は、雇用・非雇用といった整理もなく、以前から活動していた関係者の間では「在宅就労」あるいは「在宅ワーク」などと呼ばれていました。中には「内職」「電脳ワーク」「SOHO」といった言葉も見られました。歴史においてはさまざまな呼ばれ方がされてきたことに触れておきたいと思います。

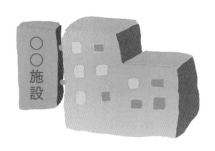

「在宅就業障害者支援制度」創設の歴史と背景

(1) 在宅就業の歴史
―1980年代から始まった草の根的な取組み

　障害のある人が移動等の制約を受けずに、在宅で働ける仕組みづくり（在宅就労）が胎動したのは、今から約40年近くも前の1980年代に遡ります。ちょうどこの時代はコンピュータの技術や通信インフラが一般家庭にも普及し始めた頃と重なります。障害のある人の職業リハビリテーション分野においては、職能開発や働く機会の拡大に取り組む支援団体等による「在宅ワーク支援」活動の萌芽が見られましたが、これらは全国各地で草の根的に行われていたものが多く、全国的な制度化への道筋には程遠い時代でした。

　こうした中、現在の在宅就業支援団体の一つ、社会福祉法人東京コロニーの当時の取組みを例に挙げると、さらに遡り1975年、重度身体障害のある人たちの職域開拓を目的とした情報処理事業の開始（トーコロ情報処理センターの開設）が見られます。これは、当時コンピュータ業界や印刷業界からの需要が高かった、コンピュータを使った情報処理業務を障害者の職域にすべく着目し、いちはやく実践したものでしたが、当時は通勤が主で、当初から在宅で働くことを念頭に入れたものではありませんでした。その後、働く人たちの障害の重度化、高齢化などによる通勤や移動の環境が次第に深刻になる中で、それでも働きたいという意志に応えるべく、近い将来に向けて在宅就労という選択の可能性を探るに至ったのです。

(2) 在宅による「教育」の始まりと、在宅による「雇用」への拡がり

　そこから約10年後の1984年、東京コロニーはこうした重度身体障害のある人達に適した就労形態の可能性を追求すべく、コンピュータ・プログラマーの養成および在宅就労システムに関する研究事業に着手しています。その後、今でいうe－ラーニングの前身ともいえる「東京都重度身体障害者パソコン講習事業」を開始したのが1989年であり、パソコン通信を利用したり、講師が受講者の自宅に出向いたりなどして、居宅のまま職業訓練が受けられることを可能にしていきました。こうして在宅による「教育」の仕組みが出来上がりました。この事業は重度身体障害者が自宅にいながらにして必要な知識を学び、一般就労に向けた職業訓練も受けられるプログラムとして現在も発展的に継続されています。

　この講習事業をベースとしつつ、連動して雇用や就労へのサポートも充実し始め、東京コロニー自らが受講者を職員として採用するようにもなったことで、「教育と就労」のシームレスなサポートが新しい在宅就労支援のシステムとして小規模ながらも具体化し、その後、東京都内のみならず、その利用価値を認めた産業界などからも注目の的となり始めました。この頃になると、障害者の雇用において通勤対策

プログラマー養成・講習の風景（'80年代）
「東京コロニーの30年」より

や職場のバリアフリー化がネックになっていた企業等も、移動困難な人を在宅勤務のままでなら雇用できるのではないか、と考えるようになりました。

しかし、こうした事業は、障害のある人の中からプログラマーやシステムエンジニアを輩出するという職域開拓の点からは大きな成果を得たものの、一方の「在宅で働く」という就労形態の醸成ということについては、一般に広く普及しているとはいえませんでした。また、受入れ企業の理解や環境の整備という課題に加え、当時の労働諸法規における在宅勤務者の労働者性についても曖昧な領域におかれていたため、結果的に在宅勤務による雇用に踏み込めないというケースも見られました。

十分な職業能力と自信を身に付け、働く意志があるにもかかわらず、なお通勤や移動が困難なため引き続き自宅生活を余儀なくされる人や、無理をして通勤を続けた結果、移動に伴う負担によって体調を崩してしまうなどの矛盾した問題も見られるようになり、いよいよ在宅就労を合理的配慮のある仕組みとすべく、その対策を講ずる必要に迫られるようになった時期でもありました。

しかし、こうした問題の顕在化はようやく政府レベルでさまざまな対策や研究がなされることのきっかけにもなりました。前述の「労働者性の判断基準」の整備も相まって、在宅で働く環境改善に向けた一

在宅でプログラミング業務を行う職員（'80年代）
「東京コロニーの30年」より

定の取組みも見られました。

　ですがいずれにせよ「まずは雇用の分野を」ということで、在宅勤務による雇用をどのようにすべきかを焦点にしたものがほとんどであり、雇用以外の働き方を希望している人やその支援機関等においては、引き続き「シャドウワーク」「電脳ワーク」といった内職的な働き方の試行が続いており、かつその内容や実態もあまり知られていないのが実情でした。

（3）通信技術の飛躍的な進化と、多様な働く形態の誕生の中で　1990年代

　1990年代に入ると、多様な就労形態が各方面で論じられるようになりました。後の「IT革命」への布石となったこの時代の通信技術の飛躍的な進化とインフラの整備、Windows95の登場、そして圧倒的なコストパフォーマンスの向上は、在宅就労、あるいはテレワークというスタイルを多様な働き方の一つとして大きく後押しする格好にもなりました。この情勢の中で、通信関連事業を行う企業等がいよいよ障害者の在宅雇用の本格的な導入に舵を取り始め、在宅雇用に特化した職業紹介事業者も誕生し、「在宅勤務」「在宅雇用」の実例がメディアなどで取り上げられるケースも目立つようになりました。

　そして、こうした企業等の積極的な動きにあわせるかのように、その採用プロセスにおいてトライアル的に仕事を委託するケースが見られ、障害者の在宅就労の中にいよいよ「委託・請負」という働き方が認知されるようになり、多様な就業形態の普及という追い風の中で徐々に広まっていくことにもなりました。特に重度障害などの理由により就労時間の制約などがあるために一定時間の確保や業務遂行が困難な人にとっては、時間や場所にとらわれずに自分の身の丈にあった働き方ができるものとして請負形式の在宅就労を希望する人が次第に増え、さらにはこうした希望を受けた職業訓練・職業紹介機関等が、

求職者を対象に仕事の紹介や請負のサポートを行うようになるなど、ここに仲介機関である「在宅就業支援団体」の原型が出来上がったといえます。

　質の高い実績が次第に評価されるようになると、企業においても人の採用だけでなく仕事の提供、発注を検討するようになり、請負の機会も徐々に増え始めました。しかし、請負による在宅就労は、雇用や福祉的就労の施策とは全く異なる分野（あるいは「おまけ」的な付帯分野）としてとらえられていたため、依然として公的な推進や支援制度とは無縁のものであり、仲介機関として各地で既に草の根的に活動していた団体、そして働く当事者たちの力量や経験値に依存するという状態が続き、しかもどの団体の運営基盤も決して盤石なものではありませんでした。

　それでもこうした活動が徐々に顕在化していく中で、発注奨励や仲介機関の存在を基本とした公的な制度の必要性が叫ばれるようになり、ここにきてようやく現在の在宅就業障害者支援制度の青写真が見え始めてきました。

（4）制度化へ向けて「発注奨励」「仲介機関」「みなし雇用」に軸足を置く

　「発注奨励」（受注側にとっては請負としての就労）という点に特化した支援策の先駆けとしては、1998年度に労働省（当時）によって実施された「障害者に対する在宅就労支援事業」が挙げられます。この事業は、在宅による雇用・就労を目指す障害のある人に対し、試験的にパソコン500台を貸与し、全国にある支援機関9団体の協力を得ながら在宅就労支援策を探るというものでした。続いて99年には、同じく労働省による「重度障害者の在宅雇用・就労支援システムに関する研究調査」が行われました。そして2004年4月に、厚生労働省の「障害者の在宅就業に関する研究会（座長：諏訪康雄・法政大学大学院社

会科学研究科教授（当時））」によって発表された「『障害者の在宅就業に関する研究会』報告書―多様な働き方による職業的自立をめざして―」の中で、雇用以外の働き方による数々の事例や、在宅で働く人たちへのヒアリング調査による実情などが紹介され、それらが基となり、制度・政策としての「雇用以外の形態による請負型の働き方＝在宅就業障害者支援制度」の骨子と方向性が固まったのです。

　この報告書では、障害者の在宅就業を支援・推進していく要素として、①事業主等に対し、在宅就業を行う障害者への発注を奨励すること②在宅就業を行う障害者と発注者との間に立って仕事の受発注・分配などを行う支援団体を育成すること―などが挙げられ、後の在宅就業障害者支援制度と在宅就業支援団体の役割が何であるかが検討されました。すなわち、これまで草の根レベルで行っていた事例の整理考察に一つの区切りを付け、制度化に向けて「在宅就業」の定義と位置付けが導き出されたのです。次いで「発注奨励」を支援の柱とした上で、なおかつそれは「企業対象であるから雇用促進制度に準ずる」としたのです。

　加えて、在宅就業を希望する人に対する育成・養成を行うのも支援機関の役割であるとの提言により、その内容が現制度における在宅就業支援団体の性格として位置付けられました。

　しかし、この報告書では制度のもう一つの大きな特徴として「みなし雇用制度」の導入についての提言が記載されていました。みなし雇用とは、「一定額以上の外注（発注）を一人分の雇用とみなして発注元事業主の雇用率に算定する」というものであり、みなし雇用制度の実現は在宅就業を行う障害者や支援団体のみならず、雇用以外の形で障害者の就労促進を行っていた企業や、既に障害者や関係団体との取引実績を重ねていた企業等からも大きな期待の声が挙がり、雇用政策との相乗効果の見通しもありました。

　しかし、検討の結果「時期尚早」「雇用の本質になじまない」といった慎重論から導入は見送りとなり、現在に至っています。この

「みなし雇用制度」が将来への課題としたことも相まって、「障害者雇用促進法の一制度とする」という位置付けがより明確になったともいえます。いずれにせよ、こうした研究の成果も、後の在宅就業障害者支援制度の将来像を大きく見据えたものというよりは「まずは今より一歩前進を」という性格のものであり、それゆえに「支援団体の運営基盤の公的な支え」などの諸課題についてはほとんど議論されることなく、後に政府が「5年以内に100の在宅就業支援団体登録達成」（平成19年「重点施策実施5か年計画」より）を謳いながら具体的な道筋も見られず、今なお20団体前後で推移している遠因にもなっています。

したがって、民間の支援団体が引き続き自身の力量や裁量で実績を重ね、その中で課題を見つけていくことが、既にこの頃から求められていたといえます。

それでもこの報告書により、ようやく「在宅就業障害者支援」の制度骨格が出来上がったことを受けて、翌2005年度、まずは「重度障害者在宅就労促進特別事業（バーチャル工房支援事業）」が国の施策として開始されました。これは、前述の報告書において「支援団体の役割」が既にモデル化されていたこともあり、各地で実績を上げていた複数の支援団体（NPOや社会福祉法人）に委託する形で実施されました。各団体はそれぞれの組織の特色を活かしつつ、在宅就業を希望する障害者に対する情報機器の貸与や技術指導のほか、実際に仕事を受注し配分する機能も発揮したことで、ようやく在宅就業支援に対しての公的なサポート事業として成果を得ました。ただし、この事業も当初より時限的なものとして組み込まれていたことや、自治体の裁量で実施をしない地域もあるなど、長期的に支援制度の仕組みを醸成するレベルとまではいえないものでした。

第1章　障害者雇用を取り巻く環境と在宅就業障害者支援制度への期待

● 「障害者の在宅就業に関する研究会」報告書（2004年4月）より一部抜粋

障害者の在宅就業支援策の方向性
（1）　障害者の在宅就業への発注に対する奨励
　　障害者雇用促進法上、以下の選択肢のような仕組みを設けることが考えられるが、どの方法が適当かは雇用支援策との関係も念頭に置きつつ、今後検討する必要。
　①　一定額以上の外注を一人分の雇用とみなして発注元事業主の雇用率に算定
　②　雇用率未達成企業等が支払うべき納付金を減額したり、雇用率達成企業等が受け取る調整金、報奨金に加算を行う方法
　③　雇用率算定、納付金減額等とは別に何らかの経済的な奨励措置を講じる方法
（2）　官公需における配慮
　　在宅就業に対する発注上の優遇措置を各地方公共団体に普及していく必要。
　　国も、障害者基本計画を踏まえ、障害者の在宅就業への発注に際しての配慮について十分な検討を行っていく必要。
（3）　セーフティネットとしての支援団体の整備
　　支援団体は、在宅就業を営む障害者、発注元事業主の双方にとってのセーフティネットとして欠くことのできない存在であり、これを育成していく必要。
（4）　在宅勤務の環境整備
　　障害者の在宅勤務の雇用管理に当たる者を配置するに当たっての助成措置を手厚いものとしていくことが考えられる。また、「情報通信機器を活用した在宅勤務の適切な導入及び実施のためのガイドライン」（2004年3月）の周知を図っていく必要。
（5）　能力開発機会の提供
　　集合研修への参加が容易でないこと等による障害者の研修機会の制約を補うため、ITを活用した在宅での技能習得を実施していく必要。
（6）　在宅就労コーディネーターの育成
　　請負、雇用といった就労形態にかかわらず、障害者の在宅での仕事のコーディネートを行う人材を育成し、その配置を支援していく必要。

（5）「在宅就業障害者支援制度」の誕生

　2006年、改正障害者雇用促進法において「在宅就業障害者支援制度」および「在宅就業支援団体」における役割や機能が明文化され、ここにようやく法令としての在宅就業支援が「雇用促進」の一環として正式に位置付けられました。なお、これらに関連してこれまで雇用・非雇用にかかわらず広く一般的に「在宅就労」と呼んでいたものを整理し、雇用形態の就労を指す「在宅勤務」等に対して、いわゆる非雇用の就業形態、つまり事業主と雇用関係にない請負契約等に基づく働き方については、「在宅就業」という用語で統一されました。

●在宅勤務・在宅就業等概念図

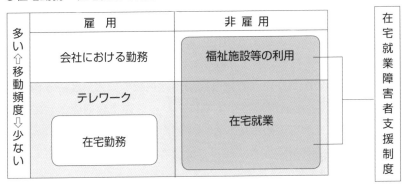

出典：「障害者の在宅勤務・在宅就業ケーススタディ」（独立行政法人高齢・障害者雇用支援機構 2007年）より一部加工

　また、発注奨励対策として、在宅就業支援団体または在宅就業障害者への発注額に応じて発注者に支給する、在宅就業障害者特例調整金・特例報奨金の制度も創設されました。
　こうして在宅就業は、雇用以外の働き方を発注奨励という形で推進していくものとして法律で定められ、同時に雇用義務に準ずる仕組みという位置付けの下でスタートしたのです。ちなみに開始年度におけ

る在宅就業支援団体の登録数は15でしたが、そのほとんどが当該制度の創設以前から各地で草の根的に活動をしている団体であり、すべてとはいえないまでも、これら団体の目指していたものに対し、追う形で国が動いて制度が生まれた格好となったのです。さらにこの制度により、在宅就業支援団体は、仲介、技術指導、利益分配などの役割のほか、新たに登録を目指す団体の指導なども担うようになり、その結果、全国に散在していた支援団体の横のつながりも深まっていくようになりました。

　さらに翌年の2007年には、「『工賃倍増5か年計画』による福祉的就労の底上げ」推進の一環として、福祉施設等で働く障害者（就労移行支援事業または就労継続支援B型事業の障害福祉サービス利用者）も一定の条件の下で同制度の対象者となることが明確になり、大口の顧客や取引実績をもつ福祉施設等の在宅就業支援団体登録や特例調整金等の支給実績も徐々に増え、団体の形態や役割も多様になっていきました。同時に、「在宅就業」の意味合いもそれまでの議論の中心であった「通勤等が難しい人の就業機会の選択肢の拡大」という側面のほかに、「障害者が雇用に移行するにあたっての準備期間として、職業能力・職業経験を深める場」という側面が強まり、福祉施設等に通所して働く在宅就業障害者にとっては後者の側面のほうが色濃く反映される一方で、「在宅で就業している」わけではないにもかかわらず、福祉サービス利用者が自宅等で働いているといったイメージを持たれたり、在宅で働くことを希望する人や求人企業の誤った認識を招いたりするなど、制度名称と実態がそぐわないことに対する見直しが急務となっています。

　在宅就業障害者支援制度という形が公的なお墨付きを得て生まれ、徐々に認知されるようになってからは、それまで雇用中心に進められてきた就労支援政策にも変化が見られ、特に在宅で働くことを希望する人たちから見れば、時間的制約や移動困難のない働き方に対する支援制度の登場は朗報であったに違いありません。また、業種・職種の

ほか、団体の運営手法における多様性も見られるようになり、これら団体の中には民間企業が運営するもの、福祉施設等と併設して行うものなど、それぞれが工夫を凝らして制度を幅広く活用し、これが後進のモデル的な役割を果たすという循環も見られるようになったのです。

しかし一方で、前述の制度名称以外にも多くの課題が浮き彫りとなり、在宅就業支援団体はさまざまな問題を抱えるようになってきました。一つは、発注に対する特例調整金・特例報奨金の支給条件が限定的で、額の大きな取引に偏りがちな点です。もう一つは運営基盤について各団体に任せきりの点であり、もっとも大きな問題点とされるのは、政策としての将来図が見えなくなり始めた点などです。

「全国で100団体」の政府目標達成に期待を寄せ、活動を続ける全国約20の在宅就業支援団体には、「この制度の下で働きたい」「他の働き方が見つからない」といった声が日増しに寄せられ、それこそ全国からの切実な問い合わせを受けています。在宅就業障害者支援制度への期待の高さや、受け皿のスケールとの乖離など、さまざまな課題については第6章「制度の普及・活性化と今後の展望」で述べたいと思います。

|特別寄稿|

公的機関による雇用率水増し問題から見えてくること

法政大学名誉教授　松井 亮輔

はじめに

　日本では、近代的な障害者福祉への取組みは、1949年に制定された身体障害者福祉法で始まるが、障害者雇用施策に本格的に取り組むようになるのは、1960年の身体障害者雇用促進法の制定以降である。同法の中心となった身体障害者雇用率制度（以下、「雇用率制度」という）は、公的機関には、民間企業以上の割合の身体障害者の雇用を義務付ける一方、民間企業についてはその雇用は努力義務とされた。そうした官民での取組みに違いを設ける理由として、「国等が一般の雇用主に率先して身体障害者を雇用すべきである」という考え方に基づくものである。「国が望ましいものとして決定した施策を、国自らあるいは国と密接な繋がりのある機関で先ず実行していくのは当然」ということが挙げられている。

　民間企業にもその雇用が義務付けられたのは、1976年の同法改正によるものである。それ以降、公的機関、民間企業とも雇用率制度を中心に、障害者雇用が進められてきたといえる。その対象となる障害者は、身体障害者から知的障害者、そして2018年度からは精神障害者にも拡大されたが、いずれも、主として障害者手帳を持つ者である。本来同法の対象とされる障害者は、「機能障害がある」者というよりも、それにより「職業上のハンディがある」者である。しかし、「職業上のハンディ」の有無や職務別でのその程度の違い等を客観的に判断することの難しさゆえに、雇用主などにとってのわかりやすさという観点から障害者手帳が重視されることになったもので、それがいまだ継続されているのが実情である。

雇用率制度の限界

　政府は、2018年8月28日に、前年6月1日時点の中央省庁における障害者の雇用状況の再調査結果を公表している。それによると、国の33行政機関の内、約8割の27機関で「不適切な」（つまり、障害者手帳や認定医による診断書がない）障害者数の（実雇用率）への算入があったこと。そして、それらを除くと平均実雇用率は従来の2.49％から法定雇用率（2013年の障害者雇用促進法の改正で、（精神障害者保健福祉手帳を持つ）精神障害者の雇用義務化がなされた結果、2018年4月から法定雇用率は、公的機関2.5％、民間企業2.2％に引き上げられた）を大幅に下回る1.19％に半減する。従来の調査では、計6,900人（実数ではなく、重度障害者を2人分、短時間労働者を0.5人分として計算したもの）を雇用とされていたが、このうち半分の計3,460人（同じく実人数ではない）が水増しされていたとされる。（注）

　この水増し問題は、国だけでなく地方公共団体などにも見られるという。従来は、約2,600の地方公共団体・機関で約5万人（実人数ではない）の障害者が雇用されていることになっているが、その人数についても再調査が必要とされる。

　同法の当初の意図に反して、こうした公的機関による法令無視がまかり通った理由の一つは、国の機関の障害者雇用のチェック体制が、民間企業に比べ甘いことである。つまり、各省庁は、障害者雇用数を厚生労働省に毎年報告するものの、障害者手帳のコピー等証拠書類は必要なく、集計した数字を報告するだけで、しかも、監督機関も虚偽報告をした際の罰則もないのが現状である。

　政府は、第三者委員会に水増し問題が起こった原因の究明と再発防止などの検討を依頼し、その結果を踏まえ、法定雇用率達成に向けた計画的な取組み策をまとめるという。

　この実雇用率の水増し問題では、障害者手帳や認定医による診断書の有無に焦点が当てられているが、そもそも障害者雇用促進法では、「障害者」

とは、「身体障害、知的障害、精神障害（発達障害を含む）その他の心身の機能の障害があるため、長期にわたり、職業生活に相当の制限を受け、又は職業生活を営むことが著しく困難な者をいう」とされる。

　したがって、同法に基づく雇用率制度の対象とすべきなのは、障害者のうち「職業上のハンディがある」者である。障害者手帳は、必ずしも職業上のハンディの有無や職務別でのその程度、あるいはどのような支援や合理的配慮の提供があれば、そのハンディを取り除いたり、軽減できるのかを証明するものではないことから、その判定をどこで、誰が、どの程度の頻度で行うのか、また、その判定の妥当性の検証をどのように行うのか、といった基本的な問題が議論されないまま、「数字合わせ」による解決が図られようとしているように思われてならない。

　この点に関連して、厚生労働省の「今後の障害者雇用促進制度の在り方に関する研究会報告書」（2018年7月30日）では、「障害者雇用率制度の対象となる障害者の範囲について、障害者手帳ではなく就労能力の判定等によることとしてはどうかという意見が出されたところ、制度の公平性等を担保するため、まずは、フランス等の諸外国における就労能力の判定の仕組み等を十分に精査した上で議論することとすべきである」とし、その結論を先送りしている。

障害者の就業状況改善に向けて求められる取組み

　厚労省は、障害者の就業状況を把握するため、2006年には「身体障害者、知的障害者及び精神障害者の就業実態調査」を、また2011年には「平成23年度障害者の就業実態把握のための調査」を行っている。いずれも障害者手帳を持つ労働年齢の障害者を対象にサンプル調査として実施したもので、その対象となった障害者のうち、職業上のハンディがある者の就業状況については明らかではない。

　2011年の調査結果によれば、（障害者手帳を持つ労働年齢の）障害者約192.6万人の就業率は43.3%であるが、福祉的就労利用者を除くと、

31.4％に低下する。これは労働年齢の労働者全体の69.8％（総務省「労働力調査」、2011年）と比べ、半分以下で極めて低い。ちなみに、厚労省の「平成25年度障害者雇用実態調査」（常用労働者数５人以上の民間事業所を対象に実施したサンプル調査）結果によれば、平均月額賃金は、身体障害者22.3万円、知的障害者10.8万円、精神障害者15.9万円で、いずれも労働者全体の29.6万円と比べ低い。特に、知的障害者はその４割以下の水準となっている。この額は、最低賃金（全国加重平均月額約14万円（2015年））を下回る。

一方、就業していない障害者106.5万人の約半数（48.9％）が就業を希望。その約半数（48.0％）は一般就労を希望しており、福祉的就労を希望するものは、全体の１割強（13.6％）に過ぎない。

にもかかわらず、一般就労の希望が種々の事情で叶わないことから、障害者総合支援法に基づく就労継続支援Ａ・Ｂ型事業所利用者は、2008年の５万7,653人から2016年の28万7,164人へと８年間で約５倍となっている。中でも就労継続支援Ａ型事業所（以下、「Ａ型事業所」という）は、2010年度の447か所、利用者9,814人から2016年度には3,596か所（約８倍）、利用者数は６万6,894人（約７倍）に急増している。その間営利法人によるものが全体の24.6％から55.5％へと全体の６割近くを占めるまでに増加した。また、利用者に占める精神障害者の割合は、2011年12月の32.2％から2016年12月には44.6％へと全体の半分近くにまでに増えている。そして、それらの精神障害者の大半（８割以上）は、週当たりの実労働時間が30時間未満の短時間労働の者で占められる。その結果、時給では最低賃金を保障されていたとしても、月収では最低賃金をかなり下回ることから、障害基礎年金などがなければ、賃金収入だけでは生活を維持することは困難である。

昨今、各地で経営難によるＡ型事業所の閉鎖とそれに伴う利用者の解雇事件が続発している。「経営悪化」の主な原因は、国が2017年４月、省令を改正し、給付金（利用者１人あたり日額約６千円）を利用者の賃金に

当てることを原則禁止したこと、さらに2018年度からは、労働時間の短い利用者への給付金額が大幅に減額されたことなどによる。

　NPO法人就労継続支援Ａ型事業所全国協議会（全Ａネット）の調査によれば、Ａ型事業所の7割以上は、事業収入だけでは利用者に最低賃金を保障することができない、つまり、障害福祉サービスへの給付金の一部を充当しない限りは、利用者に最低賃金を支払えないとされる。

　Ａ型事業所がこのような経営状況に置かれているにもかかわらず、Ａ型事業所数もその利用を希望する障害者数も増え続けるのはどうしてなのか。

　それは、一般就労を希望しても現実には、企業等に就職できない障害者にとっては、（工賃収入が月額平均1万5千円程度で、障害基礎年金と合わせても生計の維持が困難なＢ型事業所の現状を考えれば、）賃金（月額平均約6.6万円）と障害基礎年金を合わせれば何とか生計が維持できるＡ型事業所以外に選択肢がないことがその主な理由といえる。

　しかし、多くのＡ型事業所の現状から、利用者に最低賃金以上を支払える良質な仕事の安定確保支援を含む、何らかのてこ入れをしない限りは、その持続可能性自体が問われかねないことが深刻に懸念される。

　労働年齢の労働者全体と障害者の就業率の格差（69.8％対31.4％）を縮小するには、福祉的就労利用者の一般就労への移行をさらに進めるとともに、一般就労を希望しながら現在は職に就き得ていない障害者の就労支援をさらに強化することが求められる。

　その際、留意しなければならないのは、2011年の調査の対象とはなっていない、障害者手帳を持っていない者（精神障害者を中心に100数十万人に上ると推定される）も含めての対応である。

　現在、政府を挙げて取り組んでいる、国の行政機関における法定雇用率達成で増える障害者雇用数は、3千数百人程度（実数ではない）に止まる。それは、働く場を必要とする障害者全体からみれば、ごく限られた人数に過ぎない。

したがって、政府を挙げて取り組まなければならないのは、むしろ労働者全体と障害者との雇用の質・量両面にわたる格差是正である。働くことを希望する障害者に対し、雇用率制度だけに限定されない多様な雇用・就業機会を確保することが肝要である。本書で取り上げている「在宅就業障害者支援制度」も含め、総合的な就労支援施策（この支援には、障害者の「職業的なハンディ」を除去・軽減するための合理的配慮の提供等も含む）、および賃金や工賃だけでは生計を賄うことができない障害者への所得保障制度の整備が求められる。

むすび

政府は、障害者雇用数は「10数年連続で過去最高を更新し、我が国の障害者雇用は着実に進展している状況にある」（国連障害者権利委員会に提出された日本政府報告2016年）としているが、障害者雇用率制度に基づく障害者雇用数は、2011年の28万7,164人（実数）から2017年の40万6,981人（実数）へ6年間で約1.4倍に増えたに過ぎない。これは前述した就労継続支援A・B型事業所利用者の増加割合に比べ遥かに低い。

近年、政府は「福祉から雇用へ」の移行施策を重点的に進めているが、こうした数字を見る限り、その施策効果はそれほど上がってはいないように思われる。

その移行が進まない主な理由は、近年、非正規労働者が4割近くを占める等に象徴されるように、働いても生計を維持することが困難な労働者が増えるなど、障害者の一般就労の受け皿となる労働市場そのものが脆弱化していることにある。その基盤強化が図られ、障害の有無にかかわらず、誰もが人としての尊厳にふさわしい労働条件や労働環境のもとで安心して働け、かつ「人たるに値する生活」ができるようにすることが求められる。

(注) 中央省庁での障害者雇用の水増し問題について、厚生労働省は、2018年12月25日、2018年6月時点の障害者雇用率は1.22％だったと公表した。法定雇用率の2.5％を満たすには、計算上で約4,300人不足となる。雇用率が低かったのは、国税庁0.67％、国土交通省0.76％、法務省0.79％、防衛省0.95％など。雇用率を満たしたのは、厚生労働省、内閣法制局、警察庁など8機関（19％）で、8割以上の機関が基準を達成していなかった。

政府は、法定雇用率を達成するため、2019年中に約4,000人を採用する計画である。

都道府県の機関では、2018年6月時点の雇用率は2.44％で、法定雇用率を達成した機関数は161機関中99機関と6割強だった。同じく市町村機関では、雇用率は2.38％で、法定雇用率を満たしていたのは2,368機関中1,663機関で約7割であった。国は、各自治体に早期の雇用率達成を促すとしている（2018年12月25日 日本経済新聞）。

また、政府は、障害者法定雇用率を達成できていない省庁に対して、予算を減額する仕組みを導入する方針を固めた。2020年度から実施し、雑費に充てる「庁費」から1人あたり60万円を減らし、翌年度分からの予算に反映させるとしている（2019年3月12日 日本経済新聞）。

第 2 章

「在宅就業障害者支援制度」の概要

第2章 「在宅就業障害者支援制度」の概要

 「在宅就業」とは？

　「在宅就業」とは、一般的に、自宅等において事業主と雇用関係のない委託・請負形態で仕事をして報酬を得ることをいいます。
　2006年に「在宅就業障害者支援制度」が障害者雇用促進法の中で明文規定され、これまで雇用・非雇用を問わず「在宅就労」と称していたものを「「就労」＝雇用関係あり・「就業」＝雇用関係なし」と使い分けることとなりました。「在宅就業障害者支援制度」は、「雇用関係がない場合」に適用されます。事業主と雇用関係にある労働者が、事業所への出勤を免除されて自宅等で勤務する場合は、通常、「在宅勤務」と呼び区別されます。
　なお、両者に共通する用語として「テレワーク」という言葉が使われますが、Tele（遠い・離れて）と Work（働く・仕事）を語源として、「IT（情報通信技術）を活用して時間や場所にとらわれない柔軟な働き方」をいいます。「在宅就業」および「在宅勤務」は、テレワークの一つの形態としてとらえられており、仕事をする場所により、自宅利用型テレワークや施設利用型テレワーク（サテライト・オフィス）等に区分されています。
　「在宅就業障害者支援制度」の対象となる就業場所は、「自宅」以外にも一定の条件を満たした福祉施設等も認められます。福祉施設等を利用する場合は、当該施設で仕事を行い、Tele（遠い・離れて）という概念には当たらないこと、また、製造・組立・軽作業等、ITを活用しない事例も多く、テレワークとは性格を異にする就業形態といえると思います。
　本制度の対象となる「在宅就業障害者」は、身体障害者、知的障害者または精神障害者であって（障害があることを明示する障害者手帳

1 「在宅就業」とは？

等が必要)、自宅その他厚生労働省令で定める場所（次ページ参照）において物品の製造、役務の提供その他これらに類する業務を行う者（雇用されている者を除く）をいいます。

制度の対象となる就業場所

本制度の対象となる就業場所は、次の①〜⑤に掲げる場所となります。

① 自宅（障害者が居住する住宅のほか、住宅に近接する仕事場を含む）
② 障害者が業務（物品製造、役務の提供等）を実施するために必要な施設および設備を有する場所
　（注）・障害者に対して直接発注を行った事業主の事業所その他これに類する場所を除く
　　　・在宅就業支援団体を通じて障害者に発注した場合については、当該発注を行った事業主の事業所を含む
③ 就労に必要な知識および能力向上のために必要な訓練等が行われる場所
　具体的には、
　（ア）障害者総合支援法に定める就労移行支援事業所
　（イ）障害者総合支援法に定める就労継続支援B型事業所、地域活動センターの内、次のいずれかに該当する事業所
　　・就労移行支援体制加算の対象となっていること
　　・利用者の平均工賃額が、都道府県の定める「工賃向上計画」の目標工賃を上回る額を目標とした「工賃向上計画」を策定すること
　　ただし、就労継続支援A型事業書への移行計画を策定しているか、雇用への移行を目指す利用者がいると見込まれること
　　　（注）雇用関係が生じる就労継続支援A型事業所は対象に含まれない

④ 障害の種類および程度に応じて必要な職業準備訓練が行われる場所
⑤ その他これらに類する場所（障害者雇用促進法第74条の2第3項第1号、障害者雇用促進法施行規則第36条）

　「在宅就業障害者支援制度」は、文字どおりの「自宅」以外にも、障害者の職業訓練や就労支援を行う福祉施設等も就業場所として認められるため、認知がされにくいとの指摘が多く、わかりやすい名称への変更が望まれます。

　障害者総合支援法に規定された就労移行支援事業は、2年間という期限を設けて職業訓練を実施し一般就労を目指す利用者へのサービス提供を目的とし、また、就労継続支援B型事業所の場合、多様な障害程度の方々が利用しています。しかし、「雇用」への移行を目指す利用者がいることを条件付けている点は留意する必要があります。本制度は、障害者雇用促進法という労働施策であり、「福祉から雇用へ」の移行を促すものですが、今後は、福祉施設全般の工賃水準を引き上げるといった福祉施策との連携強化も重要な課題として認識しておく必要があると思います（障害者総合支援法における就労系福祉サービスについては巻末資料222ページ参照）。

特例調整金・特例報奨金

（1）障害者雇用納付金制度における助成金

　障害者を雇用するには、施設や設備の改善、職場環境の整備、特別な雇用管理が求められ経済的な負担が伴うことから、雇用義務を果たしている事業主と果たしていない事業主とでは経済的負担に差が生じることとなります。

　そこで、障害者雇用納付金制度は、障害者を雇用することは事業主の共同の責務であるという社会連帯の理念に基づき、障害者雇用促進法において設けられました。事業主間の経済的負担を調整するとともに、障害者を雇用する事業主に対して助成、援助を行うことにより障害者雇用の促進と職業の安定を図るものです。

　常用雇用労働者の総数が100人を超える企業は、法定雇用率（現行2.2％）を達成できていない場合、不足している障害者一人当たり月額50,000円（年間60万円）の障害者雇用納付金を徴収されます。一方、法定雇用率を達成した企業には、その経済的負担を調整する意味で障害者雇用納付金を財源とした助成金（障害者雇用調整金、報奨金、在宅就業障害者特例調整金、在宅就業障害者特例報奨金および各種助成金）が支給されます（次ページ図表を参照）。

3 特例調整金・特例報奨金

●障害者雇用納付金制度における助成金

障害者雇用納付金の徴収

1人当たり
月額 50,000円（注）

常用雇用労働者の総数が100人を超える事業主は、
- 毎年度、納付金の申告が必要
- 法定雇用率を達成している場合も申告が必要
- 法定雇用障害者数を下回っている場合は、申告とともに納付金の納付が必要

→ 独立行政法人 高齢・障害・求職者雇用支援機構

障害者雇用調整金の支給（1人当たり月額27,000円）
常用雇用労働者の総数が100人を超えており、雇用障害者数が法定雇用障害者数を超えている事業主に対し、申請に基づき支給

報奨金の支給（1人当たり月額21,000円）
常用雇用労働者の総数が100人以下で、雇用障害者数が一定数を超えている事業主に対し、申請に基づき支給

在宅就業障害者特例調整金の支給
在宅就業障害者に仕事を発注した納付金申告事業主に対し、支払った業務の対価に応じた額を、申請に基づき支給

在宅就業障害者特例報奨金の支給
在宅就業障害者に仕事を発注した報奨金申告対象事業主に対し、支払った業務の対価に応じた額を、申請に基づき支給

各種助成金の支給
障害者を雇い入れたり、雇用を継続するために職場環境の整備等を行う事業主に対し、申請に基づき費用の一部を助成

図：常用雇用労働者の総数が100人を超える事業主
- 法定雇用障害者数を下回っている事業主 → 納付金
- 法定雇用障害者数を超えている事業主 → 調整金
- 雇用している身体、知的、精神障害者の数

納付金の申告義務があるかどうか（常用雇用労働者の総数の確認）は、法第52条に基づき、事業主から「常用雇用労働者総数報告書」により確認します。

(注) 1. 常用雇用労働者が100人を超え200人以下の事業主は、2015年4月1日から2020年3月31日まで納付金の減額特例（1人当たり月額40,000円）が適用される。
　　 2. 常用雇用労働者が100人以下の事業主に対する報奨金支給要件：各月の雇用障害者数の年度間合計数が一定数（各月の常時雇用している労働者数の4％の年度間合計数又は72人のいずれか多い数）を超えて障害者を雇用している場合。

出典：「独立行政法人高齢・障害・求職者雇用支援機構」資料より一部加工

（2）特例調整金・特例報奨金の算定と支給

　企業が自宅や福祉施設等で就業する障害者に発注した場合、その企業がもたらした仕事から支給された年間総額に応じて、独立行政法人高齢・障害・求職者雇用支援機構から在宅就業障害者特例調整金または特例報奨金が企業に支給されます。厚生労働省に登録された在宅就業支援団体を介して障害者に仕事を発注する場合も支給の対象となります。

●発注に対する特例調整金等の支給の流れ

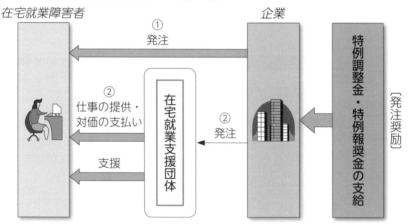

出典：厚生労働省資料

　特例調整金・特例報奨金は、次の算定方法に基づき支給されます。

3 特例調整金・特例報奨金

●特例調整金・特例報奨金の算定方法

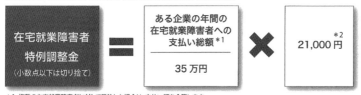

特例調整金（常時雇用する労働者100人超企業が対象）の算定方法

＊1 複数の在宅就業障害者に対して発注した場合は、支払い額を合算します。
＊2 在宅就業障害者特例調整金の額は、「21,000円×各月における当該事業主の雇用する障害者である労働者の数の年間の合計数」を限度とします。
法定雇用率未達成企業は、特例調整金の額に応じて障害者雇用納付金が減額されます。

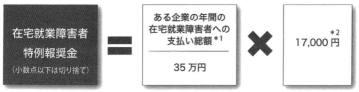

特例報奨金（常時雇用する労働者100人以下で雇用障害者数等の要件を満たした企業が対象）の算定方法

＊1 複数の在宅就業障害者に対して発注した場合は、支払い額を合算します。
＊2 在宅就業障害者特例報奨金の額は、「17,000円×各月における当該事業主の雇用する障害者である労働者の数の年間の合計数」を限度とします。

（注）常用雇用労働者が100人以下の事業主に対する報奨金支給要件：各月の雇用障害者数の年度間合計数が一定数（各月の常時雇用している労働者数の4％の年度間合計数又は72人のいずれか多い数）を超えて障害者を雇用している場合。

出典：「独立行政法人高齢・障害・求職者雇用支援機構」資料より一部加工

　本制度の対象となる在宅就業障害者への年間支払総額の評価額は、当初、年間105万円（月間35万円とした場合の3か月分）につき、特例調整金63,000円、特例報奨金51,000円とされていました。2015年（平成27年）の政令改正により評価額は見直され、年間35万円に引き下げられ、特例調整金および特例報奨金の額も同等の割合（1/3）で調整されました。これは本制度の活用実績がなかなか増えないことから、より小口の発注額でも支給対象となるよう評価額を引き下げたものです。

　ここで注意すべき点は、特例調整金・特例報奨金は企業から在宅就

業障害者に対する発注金額ではなく、企業が発注した仕事に関して業務の対価として障害者に実際に支払われた年間総額に基づき算定されるということです。

　障害者雇用納付金1人分が年間60万円であるのに対し障害者に仕事を直接発注して同額の特例調整金を受給しようとすると、約1,000万円の発注が必要となります。また、在宅就業支援団体を介して発注する場合は、発注額ではなく本人に支払われる工賃をベースとして算定されるため、概ね3,000万円以上の発注が必要と試算されます。

　このように、特例調整金・特例報奨金は、企業に対して発注を促すには金額が低過ぎてインセンティブに欠けるのではないかとの指摘もなされています。

●企業による発注額と特例調整金の試算

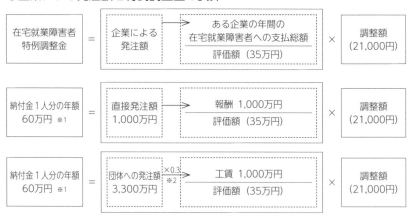

※1　納付金の月額（：5万円）×12か月
※2　平成28年度実績における、[在宅就業支援団体から在宅就業障害者に支払われた報酬額／事業主から在宅就業支援団体への発注額]の平均。
出典：「第10回今後の障害者雇用促進制度の在り方に関する研究会・事務局説明資料—2018.5.18—」

（3）特例調整金による「みなし雇用」効果

　常用雇用労働者100人以上の企業が自宅や福祉施設等で就業する障害者に仕事を発注して特例調整金を受給した場合、当該企業が法定雇用率を満たしていれば直接雇用により支給される調整金に加えて特例調整金を受給することとなります。

　一方、当該企業が法定雇用率を満たしていない場合は、前述のとおり、障害者雇用納付金（ペナルティー）として１人当たり月額５万円（年間60万円）を課徴されますが、自宅や福祉施設等で就業する障害者に仕事を発注して特例調整金を受給した場合は、当該納付金と合算して「減額相殺」されます。障害者の直接雇用ではない「発注」ベースの場合も、間接的に法定雇用率にみなされる効果は注目に値します。

　「発注」形態の場合も、法定雇用率に加算計上する「みなし雇用制度」の導入について、国は直接雇用が阻害される懸念があるとして慎重な姿勢にありますが、特例調整金による納付金の減額相殺は、すなわち、間接的とはいえ現行スキームにおいて、一部「みなし雇用」効果が認められることを意味します。

　今後、法定雇用率がさらに引き上げられていく過程で、この「みなし雇用制度」の本格的な導入を検討することは避けて通れないものと思います。

4 対象となる発注先／在宅就業支援団体

（1）在宅就業支援団体の登録要件と実施業務

　自宅等で就業する障害者個人に直接発注する場合のほか、在宅就業を支援する法人や福祉施設（就労移行支援事業所、就労継続支援B型事業所等）の法人であって一定の要件を満たし厚生労働省に登録した「在宅就業支援団体」に企業が発注した場合が対象となります。主な登録要件は、次のとおりです。

【在宅就業支援団体の登録要件】
① 常時10人以上の在宅就業障害者に対して、次の業務を継続的に実施していること
　・就業機会の確保・提供
　・業務を適切に行うための職業講習または情報提供
　・業務を適切に行うための助言その他の援助
　・雇用による就業希望者に対する助言その他の援助
② ２人以上の従事経験者が①の業務を実施すること
③ 従事経験者2人の他に専任の管理者（従事経験者である者に限る）が置かれていること
④ 実施業務を行うために必要な施設および設備を有すること

　在宅就業支援団体は、2019年6月時点で22団体が登録されています（在宅就業支援団体一覧は巻末資料223ページ参照）。
　本制度は2006年に創設され10年以上が経過していますが、登録団体

は増えておらず本制度が十分に活用されていないのが実態です。2016年度に本制度を適用した企業からの発注総額は約5.7億円で、そのうち在宅就業障害者への分配額は約1.8億円（31.4％）と報告されています。

　在宅就業支援団体は、障害者の希望に応じた就業の機会を確保し組織的に提供すること、業務を適切に行うために必要な知識および技能を修得するための職業講習または情報提供を行い、当該業務を適切に行うために必要な助言や援助を行います。そして、雇用による就業を希望する障害者に対しても必要な助言その他の援助を行います。

　また、在宅就業支援団体は、障害者に対して行う上記業務のほかに発注企業（事業主）に対する「発注証明書」の交付、財務諸表等の保存、情報公開請求への対応、定期報告をはじめ各種の事務（総務、経理、人事、事業主や障害者との連絡調整等）を担うこととなります。

（2）在宅就業支援団体が講ずべき措置

① 業務運営基準

　在宅就業支援団体は、次に掲げる「業務運営基準」を遵守しなければなりません。

　　ア　在宅就業支援団体は、発注企業（事業主）との間で物品製造等に係る「業務契約」を書面により締結し、3年間保存すること

　　イ　「業務契約」の書面には、当該業務に係る対価として在宅就業障害者に支払う予定の金額を記載すること（仕事を発注する事業主が自ら受給する特例調整金等の予想額を把握することで、発注の円滑化と促進を図る）

　　ウ　在宅就業障害者に対して、最初に以下事項を明示すること
　　　・実施業務の内容
　　　・実施業務に要する経費の設定基準
　　　・在宅就業障害者が行う物品製造等業務の実施方法

エ 「在宅就業契約」の締結に際しては、在宅就業障害者に十分に説明するとともに、必要に応じてその家族、後見人に対しても十分な説明を行う（知的障害者等について、判断能力から適正に契約を締結できない場合も想定されるための規定）。
オ 「在宅就業契約」は書面により締結し、3年間保存すること
カ 「在宅就業契約」には、以下事項を記載すること
  - 物品製造等業務の内容
  - 物品製造等業務の対価の額および対価を支払う年月日
  - 実施業務に要する経費の額
  - 在宅就業障害者が在宅就業契約を履行できなかった場合の取扱い
  - その他、必要な事項（苦情窓口の設置等）
キ 6か月を超えて継続的に同一の在宅就業障害者に就業機会を提供している場合、当該就業機会を打ち切ろうとするときは、遅滞なく予告すること（30日前の予告が望ましい）
ク 在宅就業障害者から業務の対価の支払いに関して領収書その他これに類する書面を受け取り、3年間保存すること。
ケ 在宅就業障害者が、対象となる身体・知的・精神障害者であることを明らかにできる書類（障害者手帳等）を備え付け、3年間保存すること。
コ その他（秘密保持、安全と健康の確保、職業能力の開発・向上機会の付与、担当者の明示等）

② **業務規程の届出**

　在宅就業支援団体は、所定の書式による「在宅就業支援団体業務規程」を定め、当該業務の開始前に業務規程届出書により管轄労働局を経由して厚生労働大臣に提出しなければなりません。
　「業務規程」には、在宅就業障害者に係わる業務の実施方法、経費の算出方法、専任管理者および従事経験者の選任・解任・配置、秘密

保持、書類・帳簿の保存、安全と健康の確保、対象となる障害の種類および程度等の必要事項が記載されます。

「業務規程」を補完する別紙として、「在宅就業支援団体実施業務実施要領」(別紙1)および「就業機会の確保及び組織的な提供に係る業務の実施方法」(別紙2)が取り決められます(別紙2は次ページ参照)。

第2章 「在宅就業障害者支援制度」の概要

●就業機会の確保及び組織的な提供に係る業務の実施方法（例）

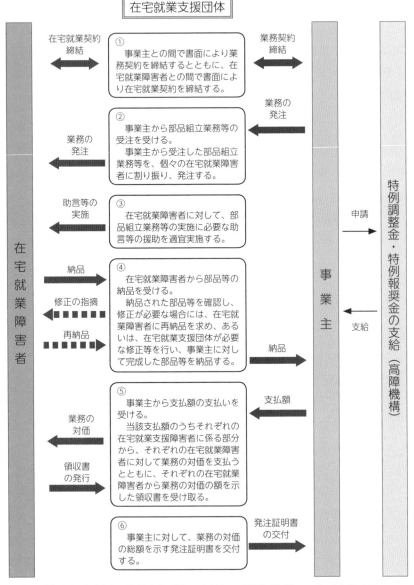

出典：「在宅就業支援団体業務規程」の別紙2（標準様式）に基づく書式例

5 在宅就業契約の締結と業務の対価（仕事の報酬）

●在宅就業契約および物品製造等に係わる業務契約

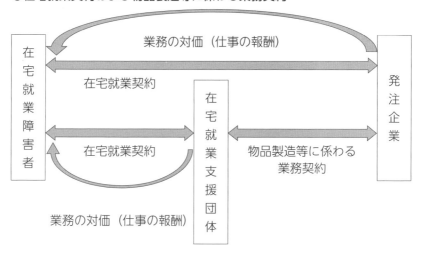

　在宅就業障害者が企業から物品の製造や役務の提供、その他これらに類する業務を行う旨の契約として、上図のとおり「在宅就業契約」（請負契約）を締結します。発注企業と障害者が直接契約を締結する場合の他、「在宅就業支援団体」の仲介により就業する場合は、同団体と障害者との間で本契約を締結します。

　「在宅就業契約」の締結に際しては、前述の業務運営基準に定めるとおり、書面において必要項目（物品製造等業務の内容、対価の額および対価の支払年月日等）を記載し、発注企業または在宅就業支援団体は、障害者本人および必要に応じてその家族、後見人への説明義務を負います。

　そして、本契約に基づき仕事を行った在宅就業障害者には、発注企

業から直接または在宅就業支援団体を介する場合は、同団体を通じて業務の対価（仕事の報酬）が支払われます。

　一方、発注企業と在宅就業支援団体との間で交わされる物品製造等に係わる業務契約についても、物品の製造・組立や検品・清掃等の役務提供の個々のケースに応じて、業務委託の内容や取引条件を具体的に取り決めておく必要があります。特に在宅就業支援団体に対しては、現在のところ、国からの助成といった経済的な支援は一切ありません。そのため、同団体の運営に伴う諸経費や適正な利益を念頭に置いた契約内容としておかないと持続可能な運営はできませんので留意する必要があります。

6 対象業務の内容

(1) 職種・作業種について

　本制度の対象となる業務（職種・作業種）については、特段の限定はありません。自宅での仕事としては、パソコンを利用した「文書・データの入力」「数値計算・グラフ作成」「Webサイト制作」等が中心となっています。

　一方、福祉施設等での仕事は、「物品製造・組立」「各種軽作業」が多く、発注企業に出向いて業務を請け負ういわゆる「施設外就労（企業内就労）」として、清掃・社内メール・商品在庫管理・環境整備等の広範囲の業務が想定されます。また、物品製造も機械や自動車部品、菓子類等の食品、農産物、その他雑貨等と種々のケースが考えられます。

●在宅就業障害者が行っている業務内容

	作業系	入力系	デザイン系	チェック系	WEB・IT系	画像・動画系	マーケティング系	翻訳系	その他
機関数	106	22	11	8	4	3	1	0	28
割合(%)	58	12	6	4	2	2	1	0	15

出典：厚生労働省「在宅就業障害者支援ノウハウブック」（平成31年3月）の支援機関向けアンケートの調査結果」より加工

●在宅就業障害者・在宅就業支援団体が手掛けている主な業務

業　種	主な業務	主な就業場所
情報サービス	・Web サイト制作 ・プログラミング、システム開発、DB 開発 ・映像字幕制作 ・グラフィックデザイン、DTP 等 ・データ入力 ・文書作成、テープ起こし、編集、校正等	自宅
製造、組立、加工	・印刷 ・封入、梱包、部品組み立て ・機械部品の検査、組み立て加工 ・自動車部品組み立て ・ヘア化粧品の加工 ・衣料品・日用雑貨（陶芸品を含む）の生産 ・木工品製造	福祉施設
農業・林業	・園芸品および農産物の生産	福祉施設
食品	・パン、クッキー製造 ・びわ茶、コーヒー製造	福祉施設
飲食サービス	・パン、クッキー等の販売	福祉施設
教育、学習支援	・パソコン講師派遣	自宅
その他のサービス	・あん摩、マッサージ指圧・針・灸 ・花木レンタル ・レンタルおしぼり ・クリーニング、清掃 ・メール便等発送 ・ノベルティ制作	自宅、福祉施設

出典：厚生労働省「厚生労働大臣が登録している在宅就業支援団体一覧（令和元年6月1日現在）」の「在宅就業障害者実施業務」欄より加工

(2) 発注企業との業務契約

　発注企業と在宅就業支援団体（福祉施設等）との間で交わす物品製造等に係わる「業務契約」(53ページ参照)については、明確な定義がなされておらずその取扱いを巡って疑義が生じる場合があります。その場合は、所轄の労働局、高齢・障害・求職者雇用支援機構、あるいは厚生労働省と個別事案に基づき十分協議して対応することとなります。

　本書執筆に当たり、この点を厚生労働省に改めて確認したところ、本制度が前提とする業務契約は、企業が在宅就業支援団体（福祉施設等）に仕事を委託契約（請負契約）により発注する形態であるとの回答を得ました。しかしながら、必ずしも委託契約（請負契約）ではない形式で、企業から在宅就業支援団体（福祉施設等）が仕事を受注する場合も想定されます。筆者が実際に関与した事例においても次のようなケースが挙げられます。

① 売買契約は不可か？

　物品製造・組立を行う場合、加工・組立の委託（請負）契約をする際、発注企業から在宅就業支援団体（福祉施設等）に資材が無償で提供され、加工賃のみ決済が行われるのが一般的です。このようないわゆる無償契約の場合は当然、本制度の適用対象とされることは明らかです。

　一方、発注企業や指定業者から原料や部品を有償で仕入れて、その上で加工・組立を行う場合、原材料・部品の仕入価格に加工賃を加えて、製品や半製品として発注企業に買い取ってもらう場合があります。このような有償契約、すなわち、形式上は売買契約の場合、本制度における業務契約としては認められないということになると混乱を来してしまうものと思います。有償契約の場合は、原材料・部品を仕入れリスクを負担します。それゆえ、一般的に無償契約の場合よりも、付加価値の高い「良質な仕事」を確保することにもつながるとい

えます。

　第4章の事例紹介にあるホンダから研進・進和学園への発注事例（123ページ参照）は、このケースに該当します。厚生労働省から現場視察も行い、ホンダと研進（在宅就業支援団体）間の契約は、売買契約の形態ですが元々の無償契約から発展して現在の有償契約に至った経緯やホンダとの取引きが多くの支給部品メーカーとの包括的な売買契約の中で営まれている実情、個々の部品の組立工賃については、事前交渉に基づき明確に協定していることなどを確認、ホンダから研進が組立作業を実質的に請け負っていることに変わりなく、本制度の適用対象として認められました。

　通常の売買契約の場合は、本制度の対象外とされますが、契約の中身によっては本制度の活用の道が開ける余地も考えられます。今後の本制度の普及、活用促進の観点からは、通常の売買契約の場合も含めて本制度の弾力的な運用が望まれます。

②　福祉施設自主製品の発注（購入）は対象外

　多くの福祉施設では、パンや菓子類、木工・工芸品等の自主製品製造に従事しています。最近は、「農福連携」「六次産業化」「地産地消」が叫ばれ、障害者が農業や食品加工の仕事にも積極的に携わっています。農林水産分野での高齢化・人手不足もあり、障害者の活躍の場は広がっています。

　では、企業が在宅就業支援団体（福祉施設）に自主製品を発注し購入した場合、本制度は適用可能でしょうか？

　筆者が手掛けた事例では、ある企業が、社内研修のために参加者に提供する菓子類を発注してくださいました。数か月に及ぶ期間に何回も実施される研修でしたので売上げも伸び、福祉施設の製菓部門に従事する知的障害者に一定の工賃を支払うことができました。そこで、「発注証明書」を発行し、当該企業は自社の直接雇用とあわせて特例調整金申請を行い受理されるという実績となりました。

ところが、最近の在宅就業支援団体の定期審査の中で、この種の自主製品の発注は本制度の対象とはならないとの見解が行政（労働局）から示されたのです。その理由は、当該企業の本業あるいは必要業務を委託して発注することはよいが、それ以外は不可という説明でした。

　製パンメーカーが、パン製造を委託して福祉施設が請け負うような場合は良いが、そうではない通常の売買の場合は認められないというのです。企業にとって研修は重要な業務のはずです。あるいは、お客様への手土産に「おやつで社会貢献」というラッピングの菓子類を定期的に発注してくださる証券会社があり、障害者の働き甲斐につながり工賃確保にも寄与しています。証券会社にとっても、営業推進、顧客サービスの一環として位置付けているものです。本業あるいは必要業務か否かといった観点や委託か売買かの区別により制度の適用に差を設けることは、果たして合理的といえるでしょうか？

　上記のとおり、改めて厚生労働省に確認したところ通常の売買契約は本制度の対象外であり、自主製品購入は本制度における発注には該当しないとの回答でした。企業の業務を一部請け負う場合も自主製品の注文を受けて販売する場合も、障害者が働いてその成果物に対して報酬（工賃）を得るという点で同様です。また、役務の提供によるサービスと商品の販売の場合とで制度上の取扱いを異にするということも合理性に欠き理解に苦しみます。

　行政は、常に慎重で保守的な指導を行おうとします。明確にできると書かれていないことをもって、認められないケースも多いといえます。もちろん、公的資金が注入され、財源の問題もあるのでいい加減な対応は許されませんが、精神障害者の雇用義務も課され、今後早いテンポでの法定雇用率の引上げが見込まれる中で、障害者雇用納付金制度の財源規模も拡大するはずです。本制度を普及させ活用を促進して、障害者の自立・就労支援につなげるとの観点から、本制度の柔軟かつ弾力的な活用を期待したいと思います。

（3）業務の実施と業務の対価（報酬）支給のタイミング

　本制度は、複数年度に渡るものを対象とはしていませんので、原則、単年度内に注文・発注、契約の締結、物品の製造または役務の提供等および契約額の支払いを行う必要があり、在宅就業障害者への支払いも同様とされます。

　当該年度（4～3月）に発注された業務を同年度内に実施し、かつ同年度内に支給された報酬（工賃）を集計して適用することを前提としています。しかし、一般の商取引においては、当月分の請求について翌月払い等（後払い）となることは珍しくなく、商慣習としても広く定着しています。

　そこで、「在宅就業障害者支援制度」の適用に際しても、報酬（工賃）支給が翌月となる場合、例えば、4月に支給される報酬（工賃）は、前月（前年度）の3月に実施した業務に係るもので、1か月ずれることとなります。特に3月・4月は年度をまたがることとなります。本制度が発足した当時、この月例工賃の集計基準についてどうするか行政と協議する必要がありました。

　その結果、当年度中（4～3月）に業務の対価（報酬）として障害者本人に実際に支払われた金額を集計して、制度適用に際しての基礎数値とするという現実的な運用が行われています。

（4）「賞与」（配分金の追加支給）の取扱い

　障害者に月例の報酬（工賃）以外に賞与を支給する場合には、支給の算定期間が問題とされることがあります。当該年度内の業績に対して同年度内に支給された賞与は、本制度の対象とされますが、前年度の業績に対して年度が変わってから賞与として配分金の追加支給を行う場合、算定期間が異なることから本制度の対象外とするとの指導が

なされたケースがありました。もっとも、「発注証明書」を発行する際に、特に算定期間を意識せずに、当該年度に支払われた月例報酬と賞与を合算しているケースも想定され、そのまま書類は受理され本制度の対象とされる可能性もあると思われます。

　発注企業から提供される仕事のおかげで業務の対価（報酬）が支払われる点では、月例報酬も賞与も同じであり、月例報酬が上記のとおり一月遅れで支給される場合は認められ、それ以上遅れて支給される賞与は否認されるという取扱いは一貫性を欠いていると思います。

　支給された報酬については、賞与も含めてカウントし特例調整金・特例報奨金として発注企業に還元すべきとの声は強く、筆者も同感です。本制度を最大限活用するとの観点から柔軟に対応すべきものと考えます。

（5） 悩ましい問題　〜冷凍パンは対象外？〜

　本制度の対象業務は、当該年度の期間中に発注され実施し、報酬（工賃）が支給される業務を前提としています。そのため、例えば、物品製造において相当期間を要し、複数の在宅就業障害者が関与しているようなケースは、本制度の適用を巡って疑義が生じ、対応に苦慮することがあります。これは上記で触れた委託（請負）契約か売買契約かといった業務契約自体の形態を問わずに問題となる可能性があります。具体的な事例で説明しましょう。

①　冷凍パンの製造販売

　冷凍技術の進歩により長期の冷凍が可能となっている今日、製造と販売のタイミングは相当の間隔が置かれるのが通常です。企業からパンを受注して納品する場合、当該製品を実際に作った在宅就業障害者は半年前に在籍していた方で、今は別の方が作業を行っているようなケースはよくあることです。

仕事の報酬（工賃）は、注文されたパンを納品した後に発注者より支払われ、その報酬（工賃）は出荷作業を担った方に支給されます。半年前にパンを実際に作った方への報酬（工賃）はそれ以前に支給されていますが、制度の適用はどうしたらよいのでしょうか？

②　植樹用ポット苗の栽培

　森林再生や緑化に利用される植樹用のポット苗を栽培し販売する福祉施設があります。ドングリや木の実を収集して苗木を育て、植樹可能な樹高30cm以上に生長するのに2〜3年を要します。上記の冷凍パン以上に商品の仕込みから納品までは長期間を要します。苗木の栽培に従事した在宅就業障害者は大勢ですが、実際に報酬（工賃）が支給されるのは、発注企業へ苗木を納品した後となり、当該報酬（工賃）は現在、在籍しているメンバーに支給されます。

　この種の事例への制度の適用を巡って、改めて厚生労働省に確認した結果、本制度は複数年度に渡るものを対象とはしておらず、原則、単年度内に注文・発注、契約の締結、物品の製造または役務の提供等および契約額の支払いを行う必要があり、制度の対象外との回答を得ました。前述した年度をまたがって支給される「賞与」が対象外とされることと同様です。
　しかしながら、例えば、製パン業者からパンの製造を福祉施設が請負った場合、賞味期限の短い常温パンは対象となるが、冷凍パンは対象外とされるのでしょうか。企業からの受注内容もその時々で変わることとなります。冷凍と常温を分けて業務の対価（報酬）を計算するというのも非現実的です。
　また、筆者が在宅就業支援団体として仲介している業務には、上記の植樹用ポット苗も含まれています。ある企業が構内の緑化のために、障害のある方たちが栽培した苗木を植樹したいとのありがたい申し出をいただき、多数の苗木をご発注下さることもあるのです。その

結果、本業務に従事している障害者に相当の工賃を還元できるケースもあり、発注企業に「発注証明書」を交付したいところですが、上記のような問題点を孕んでいるわけです。

　この場合、苗木（自主製品）を受注したため通常の売買契約で対応すると、①売買契約は不可ですし、②苗木の栽培は年度を超えることからも不可となってしまいます。そこで、機転の利くスタッフが発注企業と相談して、苗木の代金は無償にして売買ではなく、苗木の出荷・配送作業を請負契約の形態で発注いただくこととし、「発注証明書」を発行、当該発注企業に特例調整金が支給されることとなりました。

　これと同じく、冷凍パンの場合もパンの代金は無償にして、パンの発送業務を請け負う形にすればよいのでしょうか？　正に滑稽な議論となってしまいます。常識的に売買が行われる商品について、このような対応を行うことは筋違いですが、契約自由の原則からはいろいろなことが考えられるのです。

　法律や制度が、元々想定していない事由に遭遇することは間々あることです。公序良俗に反する場合はもちろん認められませんが、福祉施設では自主製品の開発や販売に一生懸命取り組んでいますし、上記の冷凍パンや苗木のような事例についても障害者に働き甲斐をもたらし就労機会の創出にもつながっています。制度の目的や趣旨に叶うものであり、弾力的な運用を認めて然るべきではないでしょうか。

　いずれにせよ、発注企業が在宅就業障害者あるいは在宅就業支援団体に仕事を発注（あるいは自主製品を購入）して障害者が業務の報酬（工賃）を得ているという厳然たる事実があるのですから、特段の支障が生じない限り、本制度の活用を促進し在宅就業障害者の自立・就労支援の実効性を高めるという観点から柔軟な運用を図ることが肝要と考えます。

制度の対象となる発注パターン

本制度の対象となる発注パターンは、大きく分けると次の3種類があります。

① 企業が在宅就業障害者に業務を直接発注するパターン

在宅就業障害者が企業との間で在宅就業契約を締結し、自宅で業務を行います。業務の対価としての報酬は、発注企業から障害者に直接支払われます。

② 企業が在宅就業支援団体に発注するパターン

在宅就業支援団体は、就労移行支援事業や就労継続支援Ｂ型事業等を行っており、同団体に登録した障害者は当該事業の利用者でもあります。障害者は、同団体との間で在宅就業契約を締結した上で同団体に通って福祉制度上の就労支援サービスを享受するとともに、在宅就業障害者として業務を行います。

この場合、企業との契約は在宅就業支援団体がすべて行い、障害者は同団体の仲介により業務を行います。また、企業からの報酬は同団体が受け取り、障害者には同団体から業務の対価である報酬が分配されます。

7　制度の対象となる発注パターン

本制度の活用実績としては、現時点では①のパターンよりもこのパターンのほうが多いのが実情です。

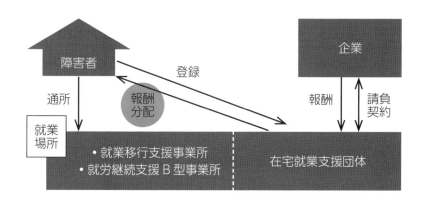

③　「施設外就労（企業内就労）」のパターン

基本的には②と同様の発注パターンですが、実際の就業場所は在宅就業支援団体（福祉施設等）ではなく、発注企業の社内や指定する場所となる点が異なります。したがって、障害者は在宅就業支援団体（福祉施設等）の職員に引率され、複数メンバーでチームを組んで企業に赴き業務を遂行します。

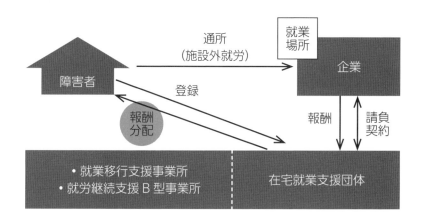

②と同様で企業との契約は在宅就業支援団体がすべて行い、障害者は同団体の仲介により業務を行うことや、企業からの報酬は同団体が受け取り、障害者には同団体から報酬が分配されます。

「施設外就労（企業内就労）」は、障害者にとっては実際に企業内での就労体験が叶うことや「良質な仕事」の確保につながりやすいこと、企業にとっては人手不足対策や労務管理の負担の軽減が図れること、そして、福祉施設にとっては障害者の就労支援ノウハウを発揮する機会が増えることなどのメリットが多いため、期待が高まっています。

なお、このパターンに本制度を活用した具体事例を第4章（137ページ以降）に掲載していますのでご参照ください。

上記以外に、福祉施設等を兼務しない在宅就業支援団体が独自の障害者就労支援を目指して発注企業と福祉施設等を仲介する形態の発注パターンもあります。この応用事例については、第5章（152ページ以降）で触れたいと思います。

※本項の各パターンの図は、「厚生労働省第10回今後の障害者雇用促進制度の在り方に関する研究会・事務局説明資料─2018.5.18─」より抜粋

「発注証明書(在宅就業契約報告書)」の作成・交付

　在宅就業支援団体は、発注企業に対して障害者に支払った業務の対価(仕事の報酬)等を記した「発注証明書(在宅就業契約報告書)」を発注企業に交付します。

　発注企業が在宅就業障害者に、直接、仕事を発注した場合は、「在宅就業契約報告書」を作成します。

　発注証明書(在宅就業契約報告書)には、事業主(発注企業)番号、社名、住所・所在地、在宅就業支援団体の名称、住所、在宅就業障害者の氏名、生年月日、手帳番号、障害の種類、契約内容(障害者に支払った額、支払年月日、業務内容、就業場所)、事業主と在宅就業支援団体との業務契約内容(契約額、支払年月日、在宅就業対価相当額)等が記載されます(記入例は次ページを参照)。

　在宅就業障害者に支払った業務の対価(仕事の報酬)は、当該年度(4月〜3月)に実際に支払われた年間総額となります。発注証明書(在宅就業契約報告書)は、在宅就業障害者10名分が記載できるようになっており、それを超える人数の場合は、複数ページにわたり記載します。各人の数字と合わせ全員分を集計した総額が確認できます。

第2章 「在宅就業障害者支援制度」の概要

● 「発注証明書（在宅就業契約報告書）」記入例

【記入例】在宅就業障害者に仕事を発注した場合

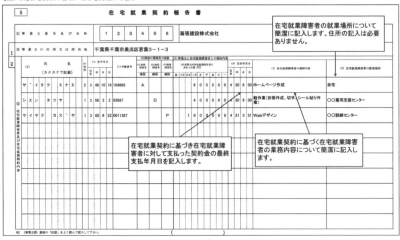

【記入例】在宅就業支援団体を介して仕事を発注した場合

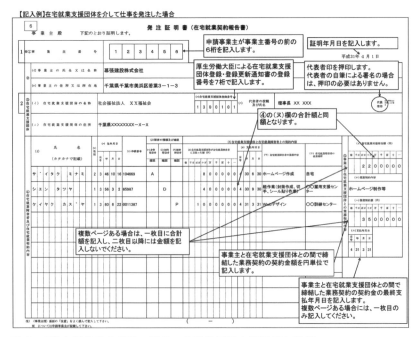

出典：「独立行政法人高齢・障害・求職者雇用支援機構」資料

9 特例調整金・特例報奨金の申請手続

　特例調整金、特例報奨金の受付・支給事務は、障害者雇用納付金・障害者雇用調整金等と同様に、独立行政法人高齢・障害・求職者雇用支援機構において一括して取扱いがなされています。発注企業は、上記の発注証明書（在宅就業契約報告書）を法定雇用率（直接雇用）に基づく障害者雇用納付金の申告に係わる提出書類と併せて提出します。

　申請用紙は、当該企業の ①法定雇用率に基づく直接雇用（障害者雇用調整金・同報奨金）の場合と、②在宅就業障害者支援制度に基づく発注ベース（特例調整金・特例報奨金）の場合とが同一書式にて併記されています。②の記載欄には、「発注証明書（在宅就業契約報告書）」に基づき、年間の在宅就業障害者への支払総額および障害者の合計数を転記して申請書類を作成します。

　当該企業の法定雇用率に基づく直接雇用の申請書と同じ書式の中で、「発注」ベースに基づく特例調整金・特例報奨金の申請も一体的に行われる仕組みになっていることは、障害者雇用促進法が、「非雇用」で働く障害者／福祉的就労分野にも焦点を当てたものとして大きな意義を有しています。「発注」ベースの場合も、当該企業の法定雇用率に加算する「みなし雇用制度」の導入の受け皿として期待される由縁です。

第２章 「在宅就業障害者支援制度」の概要

●「障害者雇用納付金申告書、障害者雇用調整金及び在宅就業障害者特例調整金支給申請書」納付金申告及び特例調整金を申請する場合の記入例

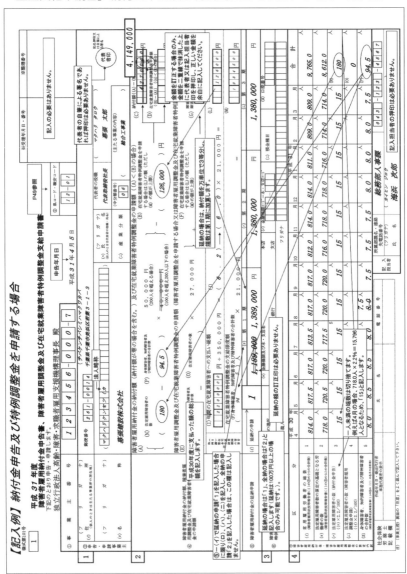

出典：「独立行政法人高齢・障害・求職者雇用支援機構」資料

9 特例調整金・特例報奨金の申請手続

●「障害者雇用納付金申告書、障害者雇用調整金及び在宅就業障害者特例調整金支給申請書」調整金及び特例調整金を申請する場合の記入例

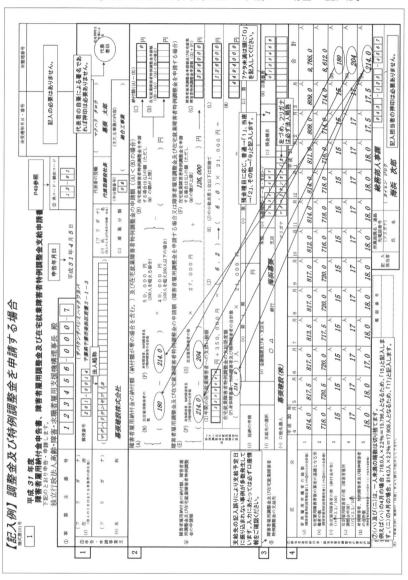

出典:「独立行政法人高齢・障害・求職者雇用支援機構」資料

コラム

ウェルフェアトレード(自主製品)に光を！

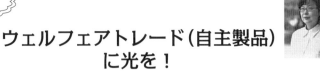

MotherNess Publishing　代表　羽塚 順子

　障害者の方々が通所する就労継続支援事業所は、B型事業所（非雇用型）だけで全国に1万カ所以上もあり、そのうち約4割の事業所の月額工賃が1万円未満です。多様な事業所を利用者が選べる時代ではありますが、人として働くことへの喜びは誰もが持っています。工賃を得て「もっと頑張りたい」と言う利用者がいれば、その気持ちに応えるのは事業所の大切な役目でしょう。

　とはいえ、工賃を向上させるのはそう簡単なことではありません。職員の方たちの努力は涙ぐましいものがあります。焼菓子やパンなどの自主製品に力を注ぐ事業所では、頻繁にイベントや企業へ出向き、販路開拓と売上確保に苦心されています。企業からのまとまった受注の有無が売上げを左右するという話も耳にします。多くの事業所で安定して発注してくれる企業を求めています。

　私は2010年より、福祉事業所などでハンディキャップのある方々が作る製品やサービスを普及できればと、国内のフェアトレードとして、「社会福祉（ウェルフェア）」と「公正な取引（フェアトレード）」を組み合わせた造語で「ウェルフェアトレード」と呼び、全国の事業所とお付き合いをさせていただいています。

　このウェルフェアトレード品（自主製品）は、実にバラエティ豊かでユニークです。焼菓子やパンのほか、地場産品を活かしたお弁当、ジャム、ジュース、茶葉、煎餅、アイスクリーム、はちみつ、ソーセージ、豆腐、味噌、燻製、乾物など、小物雑貨では織物、染め手ぬぐい、キャンドル、

石鹸、木工製品、陶器、ガラス製品、和紙などなど。中には一般市場で非常に高い評価を受けているものもあります。

例えば、栃木県のココ・ファームワイナリーのワインや、北海道の共働学舎新得牧場のチーズをご存知の方も多いことでしょう。それらはいずれもこだわりの原料と製法で世界的にも高い評価を得ています。経済効率優先では決してできない、長い年月を積み重ね、障害のある方々だからこそできる、時間をかけた「こだわりの手づくり」が生み出した逸品です。

これらに続く優れた自主製品があることを広く知ってもらい、民間企業でも購入活用していただきたいところですが、「在宅就業障害者支援制度」に基づく特例調整金等の支給は業務請負のみで、自主製品に注力する事業所にとっては、残念ながら厳しい制度であると、本書の著者である出縄さんからうかがいました。

業務請負でも自主製品製造でも、障害のある方々にとっての働き甲斐や自立・就労に向けての重みや価値は同じはずです。自主製品を購入したお客様が喜んでくださった声は、ご本人たちの励みにもなります。ぜひ、自主製品購入も対象として、福祉事業所側にも発注する企業側にも可能性を広げていただきたいと願います。

以前、自主製品のデザイン協力をくださった複数の若いクリエイターの方たちと、ある知的障害者施設を訪問した時のことです。彼ら彼女らは皆「障害者の方と会話するのは初めて」と言うのです。

そして訪問後、一人の男性は「一生懸命に働く姿を見て驚いた。仕事の不満ばかり考えていた自分のことを恥ずかしく思った。」と言い、また一人の女性は、繰り返し名前や住所を質問して近くに寄ってくる利用者に対して、「包み隠さずストレートに気持ちをぶつけてくる姿に衝撃を受けた。自分はごまかして隠していたのだと気づき、なぜ好きだった人に好きと言わなかったのか後悔した。今度誰か好きになったら絶対ストレートに伝える！」と目に涙を浮かべて言うのです。

自主製品協力に立ち寄ったほんの短い時間でそのように気づきを得たり、意識が変化したりということが起こるという「障害のある人の持つエネルギー」や「可能性とはそういうことなのだ」と思い知らされました。

　そもそも「障害者と話したことがない」という社会人の若者たちが身近にいるのです。様々な自主製品の存在は、大勢の市民と接する機会をつくってくれます。企業で働く会社員の方々が自主製品を介して、日頃接する機会がない障害者の方たちと気軽に接してもらいたいですし、接する中で様々な気づきを得てほしいと願います。

　そして、在宅就業障害者支援制度が自主製品発注に適用されると同時に、Ａ型事業所（雇用型）への適用も検討されることを願い、Ａ型事業所を含めたいくつかの優れた自主製品をご紹介したいと思います。

● 【久遠チョコレート】一般社団法人ラ・バルカグループ／愛知県豊橋市
　マスコミにも度々登場、夏目浩次さんが野口和男シェフ・ショコラティエとタッグを組み、障害者をショコラティエ職人に育成するなど、素材や純度、レシピ、デザインにもこだわった、ハイクオリティチョコレートを実現。全国30拠点以上で展開を広げる期待の星です。

● 【はらから豆腐】社会福祉法人はらから福祉会／宮城県柴田町
　宮城県産大豆（ミヤギメジロ）100％と塩田にがりで製造。地域特産品や全国の障害者施設とも連携して積極的な商品開発を行い、全国事業所の豆腐製造の牽引役ともなりました。

コラム

- 【ユーアイキッチンのお弁当】社会福祉法人ユーアイ村／茨城県水戸市

  茨城県庁から毎朝注文を受け、昼にはバラエティ豊かなお弁当を届けています。全国各地のお弁当製造事業所で、在宅就業障害者支援制度が活用できるようになれば可能性は広がるはずです。

- 【デリカッセンイーハトーヴのカレー】社会福祉法人青葉仁会／奈良県奈良市

  独自ブレンドのスパイスで時間をかけて煮込んだ8種類のレトルトカレーを製造販売。また「朴の森」のブランドで地元産有精卵を使った自然派素材菓子、木工製品なども製造販売。

- 【富士山バウム】社会福祉法人富岳会／静岡県御殿場市

  過去、TV番組がプロデュースした銀座のご当地物産館で人気ナンバーワンとなり、モンドセレクション受賞実績もある実力派バウムクーヘン。この法人は知的障害者の療育活動「富岳太鼓」でも知られています。

- 【湘南とまと工房】社会福祉法人進和学園／神奈川県平塚市

  地域NPO法人のコーディネートで農水省6次産業化ネットワーク交付金を活用。市販の濃縮還元ジュースとは全く味わいが違う100%地元産トマトジュース。小豆島の福祉事業所とのコラボでオリーブオイルとのマリアージュギフトも。

- 【ほっとらんにんぐの甲州地どり】社会福祉法人ひとふさの葡萄／山梨県中央市

地元飼育者のノウハウを２年かけて学び、ひな鳥を広い農場で４か月放し飼いにして運動させながら、しまった肉質に。グルメ漫画に紹介され、大手ビール会社の47都道府県うまいものにも選ばれました。

- 【スペシャルミックス】あおぞらグループ／新潟県阿賀野市

地元木屑を水蒸気蒸留して作った天然リネンウォーター「熊と森の水」をはじめ、天然虫よけミストや着火剤等アウトドア商品なども製造。５つの福祉事業所と一緒に商品企画、製造、営業、販売までをチームで行うブランドを展開。

- 【一越紙（千年暦／千年名刺）】社会福祉法人一越会／群馬県前橋市

世界遺産小川紙の技術を学び、10年の練習を重ね、品質は和紙問屋からお墨付き。名刺サイズに１枚ずつ活版の手摺りを施した万年カレンダー「千年暦」。片面に京都職人の伊勢型紙金摺り入りという贅沢な「千年名刺」。

- 【藍染こいのぼり】NPO法人 LaMano（らまの）／東京都町田市

  築150年の古民家で、藍や草木の天然素材で糸や布を染め、織りをしながら、毎年予約待ちの人気商品は型染めの味わいあるこいのぼり。年に２回の展示会を楽しみにしているファンの方々も。

- 【石見神楽衣装・神楽面・蛇胴】社会福祉法人いわみ福祉会（ワークくわの木金城第２事業所）／島根県浜田市

  石見地方に伝わる郷土芸能「石見神楽」。金糸・銀糸を使用した刺繍衣裳をはじめ、神楽面・蛇胴などの技術を習得。高度な技術を要する刺繍衣裳は10年をかけて衣裳職人から技術を伝承しました。

- 【ビジュアルイーズ・ブラックノート】社会福祉法人東京光の家／東京都日野市

  すべてのページが真っ黒なブラックノート。眩しさが苦手な人にために製作されたものですが、おしゃれなノートとしても使えます。B5判、B6判、ミニサイズあり。

- 【真珠ネックレス】社会福祉法人大村パール／長崎県大村市

  全国で唯一、真珠アクセサリーという高付加価値製品に特化して加工販売。あこや真珠、淡水パールのネックレス加工、奄美大島マベ貝の加工、真珠貝殻細工を行っています。

第3章

制度の活用メリットとインセンティブ

雇用以外の働き方 ～在宅就業・福祉施設利用～

　これまで述べてきたように、在宅就業障害者支援制度は、企業等が在宅就業障害者等に対して仕事を発注した場合にその発注額に応じて一定の助成金（在宅就業障害者特例調整金・在宅就業障害者特例報奨金。以下、「特例調整金等」という）を国が支給することで、在宅就業障害者の就業機会拡大に貢献する制度です。この制度は、一定割合以上の障害者の雇用義務遵守を働きかけることが中心であった従来の障害者雇用促進法の枠組みの中に、「雇用以外の働くスタイル」を選択する働き方そのものを公的に制度化することによって広く認知されたことになります。また、いずれは一般雇用への移行を見据え、そのために必要な支援を行っているという一面も持っています。

　この間、在宅就業支援団体の努力の結果、例えば、テレワークを活用してさまざまな働き方を創出したり、福祉施設（就労移行支援事業所、就労継続支援B型事業所など）でもこの制度を活用し、在宅就業支援団体としての事業も行うことで受注増や工賃アップにつなげたりと、働く選択肢が多様化され、さまざまな効果が挙げられています。

　一方、制度創設時において各方面から期待されていた「みなし雇用制度の適用」（23ページ参照）は時期尚早などの理由で見送りとなり、現在に至っています。また、在宅就業支援団体の運営に対しても他の福祉サービスや雇用助成金制度にみられるような公的な支援の枠組みがないのが実情です。

　こうした中で、2018年に厚労省の「今後の障害者雇用促進制度の在り方に関する研究会」の提言（報告書）により、在宅就業支援制度の創設から12年を経過してようやく本格的な見直しの機運が高まりつつあります。本章ではそのことも踏まえて「活用メリット」に焦点を当

てて紹介することとします。

なお、第6章でも制度課題として触れているように、在宅就業障害者の働き方には、文字どおり「自宅等でテレワークを活用し、請負で働くタイプ」と、「福祉施設等に通い、施設利用者として働くタイプ」の2つのタイプがあり、在宅就業支援団体も同様に分かれている（両方を兼ねている団体もあります）のが現状です（次ページ表参照）。

本章では、この在宅就業障害者支援制度の活用メリットを「在宅就業障害者本人」「発注する企業等」「在宅就業支援団体」のそれぞれに分けて論じていきますが、特に在宅就業障害者における活用メリットについては、本人がどのような働き方によってどこを目指しているのか、あるいはそのためにどの団体に登録しているかなどによっても大きく変わってくるというのが実情であると思われます。

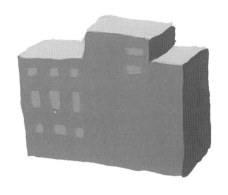

●在宅就業障害者および在宅就業支援団体のタイプ分類

	自営・テレワーク型	福祉施設利用型
在宅就業障害者のタイプ	時間や移動の制約にとらわれず、自宅等で請負業務を行う。	福祉施設で利用者として働く。
主な就業場所	自宅等（テレワーク）	施設（通所）、施設外就労等
制度化された時期	2006年4月（制度発足時より）	2007年4月
在宅就業支援団体の形態（※1）	登録要件を満たすNPO法人、社会福祉法人、株式会社等	登録要件を満たす法人であって、かつ就労移行支援事業、就労継続支援B型事業等を行う法人
在宅就業障害者の立場	個人、フリーランスとして業務委託契約を締結	上記施設の利用者として利用契約を締結
在宅就業障害者に支払われる対価（※2）	報酬	工賃
就業時間の定め	原則としてなし	原則としてなし（ただし、福祉施設利用契約に基づく利用時間の定めあり）
主な仕事	第2章の表 「在宅就業障害者・在宅就業支援団体が手掛けている主な業務」（56ページ）参照	
在宅就業支援団体の役割（発注企業に対するものを除く）	・仕事の提供（フリーランス支援） ・テレワーク等による就業機会拡大 ・一般雇用に向けた支援、教育等 ・その他	・仕事の提供（利用者支援） ・各種福祉サービスによる支援 ・その他

※1　両方を兼ねるタイプとして、「自営・テレワーク型」「福祉施設型」双方の在宅就業障害者を支援する団体もある。

※2　企業や就労継続支援A型事業所等において雇用関係にある者は在宅就業障害者を兼ねることはできないため、「給与」「賃金」等が対価になることはない。

在宅就業障害者本人のメリット

　情報通信技術やインフラの急速な発展、働き方改革等の政策に伴い、職場以外で仕事を行う「テレワーク」「在宅勤務」といった就労形態が加速度的に普及し、また企業等に雇用されずに請負で働く「フリーランス」の人口や経済規模も伸長傾向にあるなど、政府が後押しする「多様な働き方」の動きが各方面で見られています。
　こうした変化は、毎日職場に時間をかけて通勤するのが当たり前だった従来のスタイルを一新させ、とりわけ移動に困難を伴う重度の障害のある人にとっては、時間や場所を有効利用できるテレワークの仕組みを活かし、自宅において自営で仕事をする人が増えました。在宅就業障害者支援制度は、こうしたテレワークタイプの在宅就業障害者に対する企業等の発注奨励という枠組みの中で仕事の確保、就業機会の拡大を後押ししています。また、在宅就業支援団体が本人と発注企業との間に立つことで、営業活動や業務の進行管理、納品や精算等の手続きを団体に任せられるほか、仕事に慣れないうちは在宅就業支援団体から指導を受けるなどして経験を積むことも可能になります。その他、スキルアップのための研修や一般雇用に向けたアドバイスなど、在宅就業支援団体のバックアップのもとで働くことも可能です。
　一方、福祉施設（就労移行支援事業所や就労継続支援B型事業所）で働いている在宅就業障害者もこうしたバックアップが期待できますが、中には障害福祉サービスの領域と重複しているものもあります。いずれにせよ、発注企業との間に在宅就業支援団体が介在し、本人に適した環境の下、多くの仕事を経験できるという共通点は大きなメリットといえるでしょう。
　もう一つ、「自分仕様の働き方」が実現できるというのも特にテレ

ワークタイプの在宅就業障害者のメリットとして挙げられます。例えば、一般的な障害者雇用においては労働者としての規則的な一定の就業時間（週に20〜40時間程度）が求められるため、就職したものの無理をして体調を崩したり、そもそも働くことを諦めたりするケースもありましたが、テレワークタイプの在宅就業であれば、仕事の内容も就業時間もある程度自分の裁量で調整することが可能です。このため「１日の間に１時間でも働きたい」「身の丈にあった働き方をしたい」という思いを実現することもできます。実際、一日中ベッドに寝たきりの人で、「生活のために起き上がる時間が３時間。その中の１時間ベッドの上で仕事をする」「自らの体調にあわせて働く時間を設定する」等を実践している人が在宅就業障害者の中には大勢います。そして、一人ひとりの仕事量は少なくても、在宅就業支援団体や企業等がそれらをうまく紡ぐことでパフォーマンスの高い仕事も請け負えるようになります。

　こうしたことも多様な働き方の実現のひとつであり、在宅就業障害者にとっても大きなメリットといえます。

発注企業のメリット

（1）外部委託・発注による合理化、コスト削減

　昨今、労働市場において顕在化している人手不足問題の解消や、業務効率化・コスト削減などを目的に、仕事の一部を外部に委託・発注する企業の動きが増えています。業種も多岐にわたり、予算規模の大小もさまざまです。

　こうした中で、福祉施設や作業所等への外部委託・発注をしている企業が増えています。国や自治体等においては「障害者優先調達推進法」に基づく福祉施設等への優先発注を推進しており、その規模は年間177億円にも達し（この法令の発注対象施設には「在宅就業支援団体」も含まれています）、受注する福祉施設等もこうした仕事を受け入れるのに十分な能力と態勢を整えています。

　在宅就業障害者あるいは在宅就業支援団体が手掛ける業務も多岐にわたっています（第2章の表「在宅就業障害者・在宅就業支援団体が手掛けている主な業務」（56ページ）参照）。自宅等の請負業務であれば、テレワークを活用した情報サービス系の業務、福祉施設型であれば、主に製造系の業務が多い傾向にあります。在宅就業支援団体が一人ひとりの仕事をうまく紡いで多数の大口取引実績に対応しているものや、団体同士の連携により共同受注を行っているケースもあり、企業の委託・外注先として多くの実績を重ねています。在宅就業支援団体の数や業種、さまざまな業務が今後さらに増えていけば、より身近なリソースとしての期待が一層高まります。

（2）特例調整金等の支給

　2015年4月より、特例調整金等の支給基準額がそれまでの「年間105万円以上」の発注から「35万円以上」へと大きく引き下げられました。これにより大口発注に限られていた特例調整金等の活用への期待が再燃しました。また、法定雇用率未達成企業の場合、特例調整金等の額に応じて障害者雇用納付金の額が減額相殺されることもあります。将来、これらに加えて発注額が法定雇用率にカウントされる「みなし雇用制度」が実現すれば、企業等のメリットだけでなく、発注の増加による在宅就業障害者の就業機会の拡大や在宅就業支援団体の活性化なども大いに見込まれます。

　ただし、特例調整金等の支給そのものに期待して発注を行っている企業は多くはありません。支給事例の多くは、既に企業と在宅就業支援団体と間に一定の取引実績があり、それが特例調整金等の支給要件に該当したケースや、そもそも別の理由から成立した取引がこれに該当するというケースによるものです。もちろん、何らかのインセンティブが目的で発注内容は二の次とあっては本来の姿とはいえませんが、例えば雇用促進施策における各種助成に準ずるものや、本書コラム「『人間尊重』の企業理念とホンダ車の部品事業」（133ページ）で触れている「優先発注企業等厚生労働大臣表彰」などに比べてもインセンティブとしての印象の弱さは否めません。この点については、みなし雇用制度の導入等により特例調整金等の価値を上げ、他のインセンティブも複合的に活用しながら、企業等が障害のある人に仕事を提供することに対する社会的な評価そのものをさらに高めていくことが望まれます。

4 在宅就業支援団体のメリット

　在宅就業障害者支援制度においては、企業等が在宅就業障害者に対して直接の発注または在宅就業支援団体を介した間接的な発注のいずれでの場合あっても特例調整金等の支給対象となりますが、実際に在宅就業障害者個人に直接発注するケースは負担の重さなどの理由で多くはありません。在宅就業支援団体は少なくとも10人以上の在宅就業障害者への支援が認可要件となっていることから、個人では行えないスケールの仕事もとりまとめることができるほか、企業への営業活動、納品、精算などの手続や成果物に対する責任なども引き受けています。

　また、前述のように登録した在宅就業障害者に対する職業指導や研修機会を設けるなどの役割も担っています。このように、在宅就業障害者と発注企業との間に立つ在宅就業支援団体の役割は非常に大きなものといえます。

　ところが、在宅就業障害者に対する就業機会拡大のメリットや、発注企業にとっての特例調整金等といったインセンティブに対し、在宅就業支援団体への直接的なメリットは制度上存在していないのが実情です。多くの在宅就業支援団体は、企業からの受注額に団体の中間コストに相当する額を含めたり、手数料として上乗せするなどで得た利益を運営費に充てていることがありますが、在宅就業障害者に支払う対価である特例調整金等の支給対象額を減らすことにつながりかねないため、あまり積極的には行われていないのが実情です。

　また、福祉施設タイプの在宅就業支援団体の場合は、受注増による仕事の確保および工賃還元を通じて、障害福祉サービスを拡充・強化したり、工賃水準を引き上げ、福祉制度上の恩恵を受けるなどのメ

第3章 制度の活用メリットとインセンティブ

リットもありますが、これらはあくまで他の制度によるものであり、在宅就業障害者支援制度独自のメリットとはいえません。これらの点こそが在宅就業支援団体が増えない最大の要因であるといっても過言ではないのですが、にもかかわらず在宅就業支援団体はさまざまな役割を担い、もはやこの制度には欠かせない存在となっています。前述した「みなし雇用制度」が今後実現したとしても、在宅就業支援団体に対する明示的なメリットが何もないまま受発注その他の役割のみが増えてしまうことは、制度活用のモチベーション低下のみならず、むしろデメリットに転じてしまう可能性すらあります。制度独自のメリットを明示し、在宅就業支援団体の増加の具体的な道筋を国レベルで行うことが強く望まれます。

現場感覚でいえば、特例調整金等の支給対象額に在宅就業支援団体が要した一定の中間コスト分を加えるだけでもメリットといえるのです。福祉施設型の在宅就業支援団体であれば、自立支援給付費に団体としての膨大な事務量やコストにみあう独自インセンティブの加算なども、この制度の活性につながるものとして望まれます。また、次ページの「今後の障害者雇用促進制度の在り方に関する研究会」の提言（報告書）では、障害者個々の希望や能力、適性を十分に活かし、障害の特性等に応じて活躍できることが普通の社会、障害者とともに働くことが当たり前の社会とし、そのために在宅就業障害者支援制度も必要とした上で、経験上これまでにない踏み込んだ議論が見られました。

在宅就業支援団体へのインセンティブについても、在宅就業障害への発注増や一般雇用への転換等の実績に応じた助成措置や、訓練等にかかる費用相当の支給などが議論されており、今後はその具体化が期待されています。もちろん、これらの策が実現したとしても現在抱えている諸課題の劇的な改善や制度活性化が約束されるわけではありませんが、これまで手付かずであった領域だけにポテンシャルは高く、改善に向けた議論の余地が大いにあると思われます。

4　在宅就業支援団体のメリット

●「今後の障害者雇用促進制度の在り方に関する研究会報告書」より、報告内容の一部抜粋・加工

> （在宅就業障害者支援制度の拡充等について）
> ○　本制度は、在宅就業障害者に直接発注する場合のみでなく、施設内就労や施設外（企業内）就労に対して発注する場合についても対象とするものであるが、（中略）今後、制度の利活用に向けた周知を図るためにも、双方の範囲、特に施設への発注等を対象としていることを適切に表現した制度名に改めることとしてはどうか。その際、現行の1つの制度の枠組みで捉えるのではなく、制度自体を、フリーランス的な働き方をする在宅就業者のための枠組みと施設就労者のための枠組みの2つに分けて整理し直すことも考えられるのではないか。
>
> ○　在宅就業障害者特例調整金の支給額の算定にあたり、施設就労等に対する発注の場合には、企業から施設への発注額ではなく、その中から実際に障害者に支払われる報酬を算定の基礎とすることとしている。（中略）結果、企業の発注額に対する在宅就業障害者特例調整金等の支給額が極めて少額であり、制度のインセンティブ効果が薄くなっている。本制度が、障害者の職業能力等を高め、一般雇用への移行の機会を確保することを目的の一つとしていることからすれば、施設外就労の場合等には算定の基礎を報酬ではなく発注額とすることも考えられるのではないか。こうした取組により、発注する企業側としては、より実践的な働き方に近い企業内就労の場を提供することに対するインセンティブになるものと考えられる。
>
> ○　本制度の利活用の促進を図るためには、在宅就業支援団体自体が全国で拡がっていく必要があるが、制度創設から10年以上経過するものの、依然として22団体に留まっているという現状がある。在宅就業という働き方が望ましい者にとっても、直接、企業と契約

等を締結して業務に従事することは負担が重いことからも、こうした団体の存在は必要不可欠と言える。しかしながら、現在の在宅就業障害者支援制度は、在宅就業支援団体が、その受注量や仕事の種類を増加させ、当該団体に登録している障害者を一般雇用に転換させること等への評価の仕組みが全く設けられておらず、こうしたことも、団体数の停滞に大きく影響しているものと考えられる。このため、在宅就業支援団体が、職業能力の向上に積極的に取り組み、利用者の一般雇用への転換等を実現することに対して、障害福祉サービスとは別に個別の助成措置を講ずることも考えられる。

> コラム

働きたいという思いがあれば働ける社会に！

尾崎　新（あらた）　35歳
社会福祉法人東京コロニー
在宅就労グループ「es-team（エス・チーム）」所属

1　在宅なら働ける

　私は5歳の頃に筋ジストロフィーを発症しました。現在は24時間人工呼吸器を使用し、介助を受けながら仕事と生活をしています。

　大学に通い国際政治経済を学んでいましたが、卒業後の進路についてはあまり考えられませんでした。体調等の事情もありましたが、「そもそも自分は何がしたいのか？」「何ができるのか？」迷っていました。

　そんなときに知ったのが、東京コロニーの「IT技術者在宅養成講座」です。家に

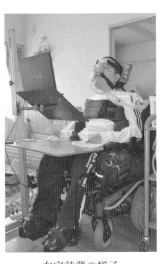

在宅就業の様子

いながらIT系のスキルを2年間で学ぶことができ、かつ修了後の在宅就労を見据えたこの講座は、コツコツとやっていくタイプの自分にぴったりと思いました。受講中に基本情報技術者などの国家試験にも合格し、就労相談や指導も受けていくうちに、「何ができるか？」から「在宅なら働ける！」という自信に変わっていきました。

　しかし、私の場合、決められた時間の就業は困難です。通勤や通所といった移動の壁もあり、就職も福祉施設での就労も厳しい状態でした。それでも働くことは何としても実現したいという想いから、東京コロニーが運営

する請負型の在宅就労グループ「es-team（エス・チーム）」のメンバーとなったのが今から約10年前のことです。雇用ではなく在宅で請け負うフリーランスに近い働き方ですね。

2　在宅就労グループ「es-team（エス・チーム）」の仕組み

「es-team」は、Web制作やプログラミング、グラフィックデザイン等を得意としながら、あるいはそういう仕事を希望しながら、重い障害などの理由で移動困難な人達が2000年に結成した、仕事を請負うグループの名称です。東京コロニーがお客さまとの窓口となり、受注した仕事をグループのメンバーが協力しあって引き受けます。いわば「在宅就業障害者支援制度」のフローそのものです。2006年の制度創設よりも前から、在宅就業支援団体と在宅就業障害者の仕組みを取り入れていたことになります。

私は、講座で学んだことを活かし、Webページのコーディングや編集、文書校正などを手がけています。パソコンの操作は当初、画面上のキーボードをマウスで操作していましたが、病気の進行で徐々に手も動かなくなりマウスが使えなくなったので、現在は、視線を感知して画面上でパソコンを操作する補助機器を使用しています。

納期はわりとゆったりとしたものが多く、体調などにあわせて自分のペースで進めることができます。しかし、仕事を請けた以上、その責任はどんな働き方であっても変わりません。最初はプレッシャーの連続でした。「納期に間に合うだろうか、わからないことがあったらどうしようか」そして体調の管理は…。

そんなとき、es-teamのメンバーたちや東京コロニーのスタッフが頼りになりました。「チーム」だけあって、自分はひとりではないことを感じました。仕事の割振りや、困ったときにアドバイスしてくださる方がいるのですが、「何から何まで」ではなく、ヒントや方向性を示してくださることがありがたかったですね。おかげで仕事への理解が伴い、少しずつ

慣れていきました。それ以来、仕事はチームワークなんだというのを常に実感しています。納期の設定など、お客さまのご配慮もこうした働き方の支えであると思います。担当した仕事が世にでて、多くの人に見てもらえたり、喜んでもらえたりして得た報酬は本当に嬉しく思います。

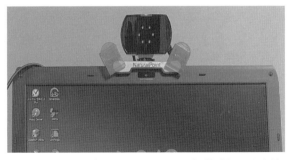

PCモニタの上部にセットされた、視覚感知で入力補助を行うハンズフリーの代替マウス機器

3　これから

　2013年1月、東京コロニーが運営する多機能型就労支援事業所「東京都葛飾福祉工場」で、全国で初の試みとなる、就労継続支援A型事業所における在宅就労が導入されました（※）。これに伴い、es-teamのメンバーのうち4名が同事業所の従業員として採用され、在宅就労を開始しましたが、メンバーとしての立場や仕事の内容は今までと変わらず、ここにes-teamは「請負型」メンバーと「雇用型」メンバーで構成された、多様な働き方で共に働く環境が生まれました。

　私はこのとき、就労継続支援A型の在宅就労の道を打診されすごく悩みましたが、従来どおりの請負型を続けることにしました。進行性の病気のために体調が安定しないこと、日中に十分な就労時間を取れないこと、月1回以上の通所が難しいということがあり断念しました。でも請負型であれば体調に合わせて日中だけでなく、夜間でも仕事ができるので体に負担なく働けます。就労時間を自由に決められるというのが私の現状にはとても適しているようです。

　es-teamで働き方を選択できるようになったことは、とても良いこと

だと思います。独立独歩でもっと働きたい人、組織に所属して安心感や安定感を得て働きたい人、マイペースで体調に合わせて働きたい人など、本人の希望や障害によって働き方は多岐に渡ります。一人ひとりのニーズに合わせた働き方を選択できるようになったことで、その人らしくより良い環境で働くことが可能になったと実感しています。

　これは個人的な見解ですが、請負型であればかなり重度の人でも働けると思います。実際に私は人工呼吸器を使用しながら働いています。ただ、請負型の場合は他の障害福祉サービスや雇用助成の制度と比べて公的な支援がほとんどありません。就労支援事業に請負型的な要素を組み込んだり、新たな枠組みなどがあったりしたらいいのかなと感じます。

　今後、在宅就業障害者支援制度などがさらに利用しやすいものとなり、充実することにより、在宅で自分にあわせて働ける仕組みがより普及していくことを切に願っています。たとえどんな障害があったとしても、働きたいという思いがあれば働ける社会になるといいなと思います。

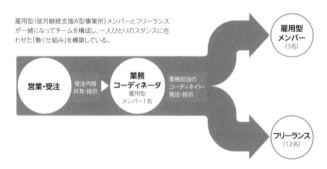

※2012年3月発の行政通知「就労移行支援、就労継続支援事業（A型、B型）における留意事項について」の中で、これまで通所を原則としていたこれらの福祉サービス利用を、条件付きながら在宅でも可能となったことを受け、東京都葛飾福祉工場が翌年導入した。

|解　説|

障害のある方の「在宅で働く」を考える

社会福祉法人東京コロニー　職能開発室　堀込真理子

　本章までの折々の記載どおり、この30年間、東京コロニーでは「在宅で働く」ことにこだわった実践を試行してまいりました。

　その間、多くの公的な研究・検討が行われましたが、昨年7月の「今後の障害者雇用促進制度の在り方に関する研究会」の報告（以下、「在り方研究会」という）はこれまでにない踏込み方であり、正直、「やっと在宅就業障害者支援制度が議論の俎上に載った。」そんな安堵感がありました。この著書「よくわかる在宅就業障害者支援制度の活用と事例」のタイトルの裏側にも、「制度の見直しと成長のタイミングは今でしょ」という意志を感じずにはいられず、いただいた字数で雑多な所感を記させていただく次第です。

●社会福祉法人東京コロニーの在宅就労支援のイメージ図

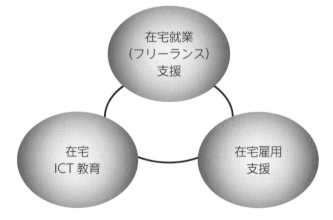

1　在宅で働くことを希望する―その入口と出口の現状

　何らかの事情による通勤困難者が自宅で働くことを願うとき、現在、入口と出口はどのような選択肢があるでしょう。特段の技術や実務経験がないケースを仮定すれば、まずは一定のICT力や社会人マナーを通学通所せずとも身に付けられる育成の場が「入口」となります。しかし、実はここが30年間最も難しい相談でした。それまでの職業リハビリテーションに「遠隔」教育の仕組みがなかったからです。

　平成18年、十分ではないながらも一つの回答肢として準備されたのが「在宅就業障害者支援制度」でした。が、残念ながら人の育成、職業能力開発の部分に助成がないことも一因し、在宅就業支援団体の数は増加していません。自治体独自事業や国の委託訓練事業なども「入口」を担い始めていますが、全国どこでも受けられるレベルにはもう少しといったところでしょう。平成26年より就労移行支援事業の在宅利用がひらかれ、福祉事業の中で「入口」の役割を果たす事業所が出てきたのは朗報です。就労移行支援事業は、一般雇用を目標として掲げた有期の訓練事業ゆえ、さまざまな制限のある方の受け止めには十分でない現実もありますが、期待もかかるところです。

　では、育成終了後の「出口」はどうでしょう。どのように在宅就労を通じた社会参加の道が開かれているでしょうか。次ページに就業準備度および就業可能な時間を軸にした出口イメージを考えてみました。

　「在り方研究会」の検討にもありますように、図における「企業在宅雇用」および「在宅での就労継続支援Ａ型」の楕円を広げていくことが今後の方向性の一つであることは明らかです。しかし、教育修了後ただちに雇用や自営に到達できるケースばかりではありませんから、その前段階として、実際の仕事（OJT）を介して段階的に在宅就労を体得できる「出口」としての在宅就業支援団体の機能は再評価されるべきでしょう。もう一歩現実的な視線で「入口」と「出口」の整理が必要です。

解　説

●本人の状況と出口の相関イメージ

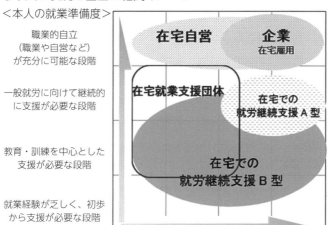

出典：社会福祉法人東京コロニー「平成26年度厚生労働科学研究「『在宅における就労移行支援』のあり方研究会　ハンドブック」

2　在宅で働くための「人」「モノ」の支援

　重い障害のある人を在宅就労へ押し出す時、30年間持ってきた視点は、「人がどう関わるか」、「モノ（支援機器や技術）をどう使うか」です。

　「人の関わり」の一つは、社会に出るための「飯の種としてのICTの技術教育」です。息の長い仕事人を目指した情報処理のカリキュラムを組みますが、受講者の障害の困難さや学力は実に多様ですから、最新のシステムをツールに使ったとしても、通り一遍の遠隔教育でその可能性はわかりません。遠隔で働くテクノロジーは進化し続けるだけに、そこには、より人間的な職業訓練が不可欠です。最先端の技術も使いますが、自宅訪問や模擬就労など密なやりとりを重ねてこそ、社会性の付与や精度の高い評価が可能となります。

第3章　制度の活用メリットとインセンティブ

||||||||||||||||||||||||||||||||||||||||||||||||||||||||||||||||||||||||||

　「在り方研究会」では、「在宅就業支援団体」について、一般雇用への転換等に対して個別助成措置をつける案が挙がっていましたが、元々、雇用に適していない（あるいは雇用を目指さない）人たちの働く力も大事にする制度ですから、支援団体への助成は、雇用達成だけではなく、手間のかかる遠隔での職業人育成の部分などに検討するのも本来的かと思います。

　「モノ（支援機器や技術）をどう使うか」は、従来の"読み書きそろばん"のような仕事を組み立てる基本的な道具の準備といったところでしょうか。私どもに相談のある在宅就労希望者は、機能障害としては年々重くなっている傾向にあり、コミュニケーション困難の方も増加しています。しかし、例えば「入力の一部は視線で」、「聴覚の補助はスマホで」など補える技術や支援機器が活用できれば、障害の重さと働く可能性は連動しません。

　それだけに、個別の機器のカスタマイズや評価の保障が急務です。

●支援機器の例

※左から、視線センサー「トビー PCEye Mini」(株式会社クレアクト)、アームサポート「MOMO」(株式会社テクノツール)

　この著書には、「雇用以外」の働き方をしている方々（在宅就業者や福祉的就労施設の就労者）について、多くの一般のみなさんにその働き方を知ってほしいというテーマもあると思っています。制度の枠を広げてこうした方をできるだけ「雇用」のレンジに入れていくのはもちろん大切ですが、その枠にどうしても適さない人には、「福祉」や「医療」のサービス

||||||||||||||||||||||||||||||||||||||||||||||||||||||||||||||||||||||||||

を必要なだけ使いつつ「雇用されない」で働く選択肢を担保し、適切な社会保障をつけていくのも一方で大事ではないでしょうか。

　今後、働き方のゴールの幅はますます広くなるでしょう。その端の部分まで社会と丁寧につないでいくのが「在宅就業支援団体」であると、その末席にいるものとして受け止めております。

スペシャルインタビュー 「この人に聞く」

社会福祉法人プロップ・ステーション 理事長
竹中ナミさん（ナミねぇ）

　政府が掲げている「一億総活躍社会」構想では、障害のある人の希望や能力に応じた多様な働き方を実現するための施策を強力に推進するとしており、ICT（情報通信技術）を活用したテレワークなどの普及も施策の重要なひとつと位置付けられています。

　社会福祉法人プロップ・ステーション（兵庫県神戸市）の理事長・竹中ナミさん（ナミねぇ）は、いまから46年前、重度の心身障害をもって生まれた長女・麻紀さんを授かったことから、「この子を残して安心して死ねる社会の実現」、「チャレンジド（※）をタックスペイヤー（納税者）にできる日本」をスローガンに掲げ、障害のある人の在宅就労を長年にわたって推し進めてきました。その思いは障害者雇用制度にも及び、在宅就業障害者支援制度の創設にも大きく関与したひとりでもあります。

　多くのチャレンジドが誇りを持ち、誰もが働きやすい社会の実現のため、在宅就業障害者支援制度を今後どう活かしていくべきか。プロップ東京オフィスを訪ね、優しくもパワフルで軽快な関西弁の「ナミねぇ」にお話をうかがいました。

（※）チャレンジド：「挑戦する機会を与えられた人」を意味し、障害者を表す新しい米語「the challenged」を語源とする。障害をマイナスから捉えるのでなく、体験するさまざまな事象を自分自身のため、あるいは社会のためポジティブに生かして行こうという想いを込め、プロップ・ステーションが1995年から提唱している呼称。

スペシャルインタビュー

雇用促進制度だけでは「多様な働き方」は生まれない
チャレンジドが活躍する社会は、日本の元気の指針になる

―重度障害のある人の在宅就労を推し進めることになったきっかけは何でしょうか？

　麻紀を出産し育ててきた中で、世の中では障害者を「支援の対象者」「税によって守られるべき人」としかとらえていないという場面を何度も見てきました。「どんなに障害が重くても、適切な仕組みやサポートがあれば、多くの人が能力を発揮し、社会参画も納税もできる」そんな社会を実現させたくて、仲間のチャレンジドたちとともに草の根グループ「プロップ・ステーション」を設立したのが1991年です。

　当時、能力を活かすツールとして着目したのが、一般家庭にまだ普及していなかったコンピュータです。重度の障害があっても、今でいうICT（情報通信技術）を駆使すれば、さまざまな仕事が在宅でもできることに気づき、すぐにIT企業の技術者やコンピュータメーカーの社員などを仲間に巻き込んでパソコンセミナーを始めました。受講生の中から企業に就職した人もいれば、ベッドの上で起業したり、イラストレーターになったりと、多くのチャレンジドが社会で活躍しています。ウチのスタッフとして後進の指導に携わっているチャレンジドもいます。「コンピュータを駆使すれば在宅でも働ける」という大きな可能性を、チャレンジド自らが証明しているのです。

雇用促進は大切な選択肢のひとつ。でもそれだけではない
在宅就業障害者支援制度は「多様な働き方のひとつ」として注目されるべき

―法定雇用を中心とした障害者雇用制度の在り方について議論が高まっていますが、どのようにお考えですか？

　中央省庁や自治体などによる「水増し問題」についてはホンマに許せないことだけど、今後のチャレンジドの働き方について社会全体で深く考えるきっかけにならないと。企業に雇用されて働くことは大事な選択肢ではあるけれど、「雇用率達成」という、人を数値に置き換えてカウントし、その達成をめざすことが目標になってしまい、チャレンジドの自立という本質的なところが置いて行かれてしまいました。今回の水増し問題はそのことを浮き彫りにしたんやと思います。

　それに、雇用一辺倒の考えやなくて、起業したり自営したり、あるいは働ける時間が不規則で限られていても高いパフォーマンスを見せたりと、自分の意志や能力にあわせた働き方は人それぞれ。企業側だって雇うだけでなく、その企業のニーズや社風にあったアプローチ方法がある。それらを受け入れる仕組みを雇用促進制度の枠の中だけでつくるには限界があるんやと思いますよ。

「みなし雇用」から一歩進んで「発注率」。在宅就業支援団体の営業力強化は必須

―在宅就業障害者支援制度創設時の検討の中では、「みなし雇用制度」導入の是非も大きな目玉でした。結果的には「まずは雇用を」という意見もあって導入は見送られましたが、ここにきて再び障害者への仕事の発注を評価してほしいという声も聞きます。

　もちろん、さまざまな働き方を用意し、社会がサポートするという点で

は「みなし雇用制度」も有効と思うけれど、それでは雇用率の中で何とかしようという考えから抜けられない。企業からの一定の発注を「雇用率の延長」として考えるのではなく、例えば「発注率」といった、仕事の機会を創出してくれた企業に対する評価やインセンティブを、雇用率とは別のしかも同等以上の独自制度として導入することも必要やと思うんです。

　ただ、発注率にしてもみなし雇用にしても、そこに大きく関わる支援団体の、特に営業力やコーディネート力が欠かせない。「納期」「クオリティ」「セキュリティ」、この3つが守られていなければ絶対に仕事はこない。働く一人ひとりのコンディションや特性にあわせて仕事を回すコーディネート力にも高度なスキルが要求されます。大変なことかもしれないけど、仕事を安心して任せてもらうためには必要なことです。

　企業だってアウトソーシングする業務がこれからさらに増えていきます。いいチャンスでしょう？ プロップに仕事を発注してくださる企業さんの中には、人材の育成やノウハウの構築という点からサポートしてくれるところもあります。「発注率」制度と、支援団体の強化は、チャレンジドだけでなく、企業側にとっても大きなメリットがあると思います。

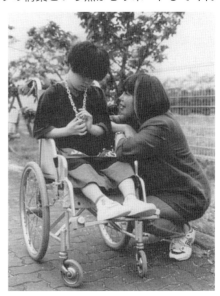

長女・麻紀さんと

第3章　制度の活用メリットとインセンティブ

「オールジャパン」で取り組む。プロップのミッションは、チャレンジドだけの課題ではない

　介護を受けながらでも、ベッドの上にあっても、ICTを活用して働き、「タックスペイヤーになりたい！」「誇りを持って働きたい！」そう願い、実現してきた人はたくさんいるし、この先も増えていく。これからは「多様な働き方ができる制度を新たに創出すること」が必要やと思います。

　雇用率制度の維持については、水増し問題の検証も含めて厚生労働省にしっかりと取り組んでもらいますが、ICTの進化のスピードを考えると、これは経済産業省や総務省のほうが得意とする。タックスペイヤーにするというミッションには財務省の知見が欠かせない。さらには中央省庁だけでなく、自治体や企業、学校そしてチャレンジドも一緒になって行動を起こしていく。これは決してチャレンジドだけの問題ではない。「オールジャパン」ですよ。既に全国各地で、さまざまな人や組織が多様な働き方を生み出す活動を展開しています。その取組みの積み重ねが「日本の元気」につながっていく。「チャレンジドをタックスペイヤーにできる日本」だって、多くの人の元気につながること。だから企業の皆さんにはどんどんチャレンジドに仕事を発注してほしいです。みんな、えぇ仕事してまっせ！

（聞き手：吉田 岳史）

第4章

制度の活用実績と具体事例

制度の活用実績

　在宅就業障害者支援制度の在宅就業支援団体は、2019年6月時点で22の法人が登録されているに過ぎません。

　特例調整金等の支給実績は下表のとおりです。2009年度に筆者（出縄）が従事する（株）研進（社会福祉法人進和学園の営業窓口会社／神奈川県平塚市）が在宅就業支援団体に登録し、永年の発注事業者である本田技研工業（株）（以下、「ホンダ」という）に400万円を超える特例調整金が支給されたため大幅に増えましたが、それ以降、残念ながら支給件数・支給額ともに大きくは増加していません。

　しかし、2015年度から特例調整金・特例報奨金の算定基準が年間支払工賃総額105万円から35万円に引き下げられ、本制度は活用しやすくなりました。2018年度に支給件数16件、支給総額6,951,000円とこれまでの最多となりましたが、それでも件数は少なく、普及には程遠く活用されていないのが実情です。

● 「在宅就業障害者支援制度」の活用実績

(単位：件・千円)

年度	2007	2008	2009	2010	2011	2012	2013	2014	2015	2016	2017	2018
支給件数	6	7	12	8	12	11	11	12	11	10	12	16
支給金額	618	858	5,004	3,831	4,557	4,461	4,221	5,418	5,103	6,342	6,006	6,951

（注）・上記実績は、すべて特例調整金で特例報奨金の支給実績はありません。
　　　・年度は、特例調整金が発注企業に支給された年度で、在宅就業障害者への報酬支払いはその前年度となります。

2016年度に本制度を活用して特例調整金が支給された10件の実績は、次ページの一覧表のとおりです（いずれも特例調整金で特例報奨金の事例はありません）。

　事例Aは研進が仲介するホンダの事例です。特例調整金は2,562,000円、発注先障害者167人で、全体の４割を占めています。また、研進に加え、進和学園、すずらんの会、足柄緑の会のいずれも、神奈川県所在の福祉施設が在宅就業支援団体として仲介する事例が大部分を占めており、国の制度でありながら、現時点、神奈川県が先行して活用している状況です。

　本制度の活用が進まない理由は種々考えられますが、大きく次の点に集約されると思います。

① 　障害者の在宅就業に対する認知度はまだまだ低く、外注先の選択肢として認識されていない。
② 　「在宅〜」という制度名称が、文字どおりの自宅での就業を連想させ、「在宅就業支援団体」の中に福祉施設が含まれることが認知されにくい。
③ 　「在宅就業支援団体」への登録が、既に特定企業から受注しているケースに事実上限られる。同団体への登録を契機に企業への発注を求めて営業活動を行うことが望まれるが、福祉施設における「仕事の確保」に対する意欲は高いとはいえない。
④ 　福祉施設で働く職員の人件費は、自立支援費（公的資金）で賄われているが、仕事を確保して利用者の工賃は増えても職員の給与はほとんど変わらない。むしろ、利用者がやり残したり、能力的に難しい仕事は職員が対応せねばならず、福祉施設にとって「仕事の確保」についてのインセンティブは乏しい。
⑤ 　「在宅就業支援団体」は、障害者との間に在宅就業契約を締結し発注企業に対して発注証明書を発行するが、それらの事務経費を支援する仕組みはない。
⑥ 　発注企業に支給される特例調整金・特例報奨金は、年間支払工

賃総額の5～6％に過ぎず、法定雇用率が未達成な場合の納付金と比較しても著しく低い。発注企業にとってのメリットも乏しい。

⑦　企業は、障害者法定雇用率については納付金（ペナルティー）や調整金（報奨金）もあり直接雇用に尽力しているが、「発注」形態の場合は、当該発注企業の法定雇用率には反映されず社会的評価も乏しい。

⑧　福祉施設の内、雇用型の就労継続支援Ａ型事業所への発注は、本制度の対象外とされる。一般的に職業能力が高い就労継続支援Ａ型事業所への発注が対象外とされることは、発注企業および障害者双方のニーズに応えていない。

●平成28（2016）年度の在宅就業障害者支援制度実績

合計10事業所、6,342,000円

	企業規模	雇用率達成状況※1	特例調整金支給額（円）※2	支給額／上限額※3	障害者本人への支払額（円）※4	発注先障害者の人数	直接発注	発注先障害者一人あたり報酬額（年額）※5	発注先障害者一人あたり報酬額（月額）
A	1000人～	達成	2,562,000	1.0%	42,700,000	167		255,689	21,307
B	1000人～	達成	1,512,000	14.3%	25,200,000	101		249,505	20,792
C	500～999人	未達成	735,000	22.4%	12,250,000	18		680,556	56,713
D	1000人～	達成	357,000	5.0%	5,950,000	29		205,172	17,098
E	300～499人	達成	315,000	5.8%	5,250,000	110		47,727	3,977
F	300～499人	未達成	294,000	23.3%	4,900,000	1	○	4,900,000	408,333
G	1000人～	達成	189,000	1.7%	3,150,000	1	○	3,150,000	262,500
H	300～499人	未達成	168,000	22.2%	2,800,000	2	○	1,400,000	116,667
I	51～299人	達成	126,000	16.7%	2,100,000	11		190,909	15,909
J	51～299人	達成	84,000	16.7%	1,400,000	1	○	1,400,000	116,667

※1　平成29年6月報告ベース。　　※2　障害者雇用納付金との相殺前の額。
※3　平成29年の6月報告における障害者数×12か月と想定して上限額を試算している。
※4　特例調整金支給額から割り戻したもの。
※5　障害者本人への支払額を発注先の障害者数で単純に割ったもの。

（注）　事例Ａは、本田技研工業（株）（在宅就業支援団体：（株）研進）のケースであるが、特例調整金の4割以上を占める。

出典：厚生労働省「第10回今後の障害者雇用促進制度の在り方に関する研究会・事務局説明資料―2018.5.18―」より加工

② 「在宅就業障害者マッチング事例集」など

　厚生労働省は、本制度の普及活用を促すべく「在宅就業障害者マッチング事例集」(2018年3月)を発行しました。この事例集は、業務を発注する企業・団体・自治体の潜在的ニーズや支援団体の現状をアンケート調査し、111ページに示す25の事例を紹介しており大変参考となります。また、実際に特例調整金等が支給されていないケースも含めて注目される事例を収録しています。

　事例等の調査によると、業務内容については、発注企業側と受注側(障害者)のニーズとして、①文書・データ入力、②製造・軽作業という領域において一致しています。

　また、厚生労働省は、「在宅就業障害者マッチング事例集」に続いて2019年3月に「在宅就業障害者支援ノウハウブック」を発行しました。「障害者の就業機会の拡大に向けて」という副題を付し、障害者

2018年3月発行

2019年3月発行

の在宅就業支援の現状と課題の整理と対応すべきことを含めて編集しています。

　国が直近の2年連続で在宅就業障害者支援制度の普及活用を目指す冊子を発行していることからも明らかなように、本制度の今後の動向は大いに注目され、その活用が期待されています。

2 「在宅就業障害者マッチング事例集」など

● 「平成29年度 在宅就業障害者マッチング事例集」(厚生労働省)掲載の25事例

事例	発注元企業	障害者支援団体名	発注業務内容
01	公益財団法人 日本社会福祉弘済会	社会福祉法人 東京コロニー	システム開発、HP制作・更新
02	学校法人 武蔵野大学心理臨床センター	社会福祉法人 東京コロニー	ウェブサイト制作
03	有限会社 アリア	社会福祉法人 東京コロニー	ウェブサイト制作、広報ツール制作
04	「茎工房」(有限会社エムケイアンドアソシエイツ)	社会福祉法人 東京コロニー	ウェブサイト制作、サイト更新
05	アクセシブルトラベルJAPAN 相談センター	社会福祉法人 東京コロニー	英語版サイト制作
06	株式会社 しまむら	社会福祉法人 進和学園	食品袋詰め、品出し、店内清掃、店外整備
07	本田技研工業 株式会社	株式会社 研進	自動車部品の組立・結合
08	岐阜県民間社会福祉事業従事者共済会	特定非営利活動法人 バーチャルメディア工房ぎふ	HP制作・更新
09	日本リハビリテーション連携科学学会	特定非営利活動法人 バーチャルメディア工房ぎふ	HP制作、管理運営、パンフレット制作
10	株式会社エフピーブレーンドットコム	京都障害者ITサポートセンター	自社ソフトのデータ入力
11	LINE株式会社	特定非営利活動法人 SOHO未来塾	ウェブサービスのモニタリング
12	株式会社インフォ・クリエイツ	特定非営利活動法人 JCI Teleworkers' Network	ウェブアクセシビリティ検査
13	鳴門市役所【健康福祉部 社会福祉課】	特定非営利活動法人 JCI Teleworkers' Network	カード・チラシ印刷、製本、パネル制作
	鳴門市役所【市民環境部 市民協働推進課】	特定非営利活動法人 JCI Teleworkers' Network	パソコン要約筆記
	鳴門市役所【健康福祉部 人権推進課】	特定非営利活動法人 JCI Teleworkers' Network	チラシ制作、パソコン要約筆記
14	徳島県教育印刷 株式会社	特定非営利活動法人 JCI Teleworkers' Network	問題集・機関紙の文字入力、印刷
15	有限会社 未来検索ブラジル	NPO法人札幌チャレンジド	ネット監視業務
16	株式会社 ジャンボ	特定非営利活動法人 ぷうしすてむ	3D地図データ作成、データ入力
17	株式会社 クラウドワークス	株式会社 ミンナのミカタHD	データ入力、DMメール配信
18	株式会社 GSユアサ	社会福祉法人 足柄緑の会	プラスチック成形、生産
19	公益社団法人 大阪市ひとり親家庭福祉連合会	社会福祉法人大阪市障害者福祉 スポーツ協会 中津サテライトオフィス	システム開発、保守・改修、HP制作・更新
20	株式会社 ケイエフエス		CADトレース業務
21	ヴァルトジャパン 株式会社(VALT JAPAN)		情報サイトの広告審査、SNS更新
22	株式会社 freeweb		サーバー管理、ユーザーサポート
23	一般社団法人 プラス・ハンディキャップ		障害に関するライティング業務
24	株式会社 タスククリエイト	特定非営利活動法人 在宅就労支援事業団	アンケート入力、データチェック
25	学習塾経営A社	特定非営利活動法人 在宅就労支援事業団	テスト採点業務

❸ ケーススタディー

(1) 自宅での就業

　自宅での就業は、パソコンなどの端末を利用したテレワークが主流で、Webサイトの制作、プログラミング、データ入力、DTPなどその仕事は多岐にわたります（56ページ図表「在宅就業障害者・在宅就業支援団体が手掛けている主な業務」参照）。自宅で就業する在宅就業障害者の多くは企業や就労系福祉施設などに属さず、個人で仕事を請けるフリーランスとして働いています（自営・テレワーク型）。そのため、就業時間などは自分のペースにあわせて仕事をすることができる反面、自己管理が求められるほか、多くは出来高制による報酬となります。

　自宅で就業することが本人にとって適しているかどうかについては、本人の希望と併せ医師の診断や専門家のアドバイス、必要な支援サービスも含めて総合的に判断することが望まれます。

　自宅で就業する在宅就業障害者の仕事を後押しするものとして、発注企業や支援団体などが協力して在宅就業に最適なワークフローを設計し、明確な役割分担を行ったり、居宅介護支援事業者と連携して成果を挙げているケースも報告されています。また、本人の体調不良等の場合でも他の人が引き継げる互助の仕組みを備えている団体もあります。その他、パソコンなどの端末操作を支援する機器や身体にできるだけ負荷をかけないシーティングなど、本人の就業環境に適した整備にも配慮が必要です。自治体などの補助や、専門の相談機関（障害者のIT地域支援センターなど）をうまく活用しているケースなどもあります。

① 未来検索ブラジルによるインターネット監視業務

- 発注企業：有限会社未来検索ブラジル（東京都）
- 在宅就業支援団体：特定非営利活動法人札幌チャレンジド（北海道）
- 在宅就業場所：自宅
- 対象業務：Web サイトの監視業務
- 特例調整金（特例報奨金）：支給実績なし

　有限会社未来検索ブラジルは2003年の創立以来、検索エンジンの開発や技術研究をはじめ、オンライン仮想通貨の運用開発、ネット生放送の番組制作、タレント養成、IT 関連コンサルティングなどさまざまな事業を手がけています。また、社会貢献事業として、2008年にインターネットサイトの監視業務を在宅就業支援団体の一つであり、北海道で在宅就労支援や PC 講習などの多くの実績をもつ特定非営利活動法人札幌チャレンジドに発注しました。以降10年以上にわたり、札幌チャレンジドを通じ複数の在宅就業障害者にコンスタントに仕事を提供し続けています。

在宅業務担当者とのミーティング（イメージ）

仕事の内容は、インターネット上の特定のWebサイトを監視し、その状況をチャットやメールを使って報告するというものです。話のあった当初、札幌チャレンジド自身もこの分野に詳しいほうではなかったのですが、未来検索ブラジルが全面的なバックアップを約束し、札幌チャレンジドと協働で在宅就業障害者に適したワークフローの設計に取り掛かりました。札幌チャレンジドも業務開始前から時間をかけて5名の在宅就業障害者に対する研修を実施、また、在宅就業障害者もそれに応えしっかり準備を整えた上で業務をスタートさせ、順調な滑り出しを見せることができました。企業と在宅就業支援団体、そして実務を担う在宅就業障害者はどれかが欠けても実現できない協働であったからこそ、互いの信頼関係のもとに新しい仕事の職域

●業務開始までの事前準備（スキル指導、面談、研修実施）の流れ

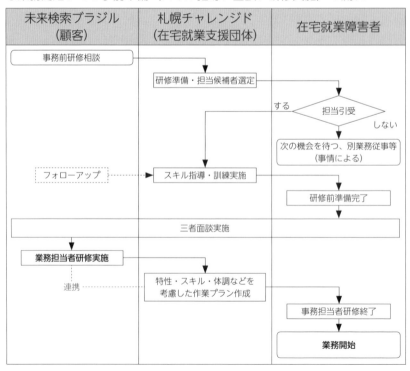

が生まれ、息の長い取引として続いています。

　未来検索ブラジルがこの業務で求めるのは、インターネットに関するスキルや知識以上に、「仕事を丁寧に行い、社会的マナーがあり、守秘義務を順守できる人」「継続してコツコツと業務を行うことができる人」など、仕事をする上で基本的なことをしっかりと行うことができる人材であるとのこと。

　一方の札幌チャレンジドも「誰でもすぐにできる仕事ではありません。日頃のコミュニケーションがしっかり取れるなど、仕事への姿勢に申し分ない人に仕事を任せたい」と、人柄や人間関係がマッチングの基本であるといいます。もちろん、業務開始後の定期的な情報交換会の実施や、過度に負担をかけないよう在宅就業障害者一人ひとりのコンディションにあわせた仕事の割り振り、相談の受付など、支援団体としてのフォロー体制も整え、現在は10名の在宅就業障害者とともこの仕事を手がけています。

　未来検索ブラジルにとって、札幌チャレンジドおよび在宅就業障害者のメンバーはいまや欠かせないパートナーとなっています。「今後もこの信頼関係の下、継続して業務を発注したいと思います。また、新たな仕事にもチャレンジしていただけるよう、検討していきます」と、さらなる職域づくりにも意欲を見せています。

② 日本社会福祉弘済会（日社済）によるWeb制作、グラフィックデザイン、DTP、広報誌編集ほか

- 発注企業：公益財団法人日本社会福祉弘済会（東京都）
- 在宅就業支援団体：社会福祉法人東京コロニー（東京都）
- 在宅就業場所：自宅
- 対象業務：Webサイト制作・更新・管理、グラフィックデザイン、編集、DTPほか
- 特例調整金（特例報奨金）：支給実績なし

公益財団法人日本社会福祉弘済会（日社済）は、福祉施設に勤務する職員の福利厚生の向上を目的に、1973年に設立された民間の団体です。2012年には公益財団法人認可を取得し、社会福祉法人からNPOまで、さまざまな団体に対して研修や調査研究に特化した助成事業を行っており、その数は年間約50件、累計で2,500件にも及びます。こうした助成事業のほかにも、アジア福祉に対する支援、国内で使われなくなった車いすを高校生が修理してアジア各国に届ける「空飛ぶ車いす」事業、福祉の共済事業など、多岐にわたる事業を展開しています。

　このように福祉に大きく関わる社風から、長きにわたり障害のある人への仕事の提供にも積極的で、在宅就業支援団体の一つである社会福祉法人東京コロニーに対してもさまざまな仕事を発注しています。

　その内容は、自社Webサイトの制作や更新、サーバ管理をはじめ、広報誌「Welfare（ウエルフェア）」の編集からDTP、印刷、封入発送等など定期的な仕事の発注のほか、会員管理システム開発、データベース構築、アンケートデータ入力と集計、事務所の看板作成、さらには記念品や防災用品の購入といったスポット案件もあり、いずれも何らかの形で障害のある人の仕事につながっています。

　これらの仕事のうち、在宅就業障害者の仕事に適したものは一部に限られますが、在宅就業支援団体が可能な限り多くの仕事をワンストップで請けることで日社済の事務負担の軽減にも大きく貢献しています（東京コロニーでは、在宅就業支援団体としての窓口を事業所の一つである東京都葛飾福祉工場に集約し、専任者1名を配置しています）。在宅就業支援団体がまずは仕事を引き受け、在宅就業障害者個人にまわせない仕事は、都内に計16ある東京コロニーの他の就労支援事業所が担うことで、そこで働く人たちの仕事にもなり、それでもまわらない仕事は外部協力者や他の在宅就業支援団体に再委託をしています。こうして、在宅就業障害者を含めた共同受注体制のネットワークが出来上がり、多様な仕事の相談窓口として日社済からの信頼を得ています。

●発注内容に応じた役割分担の流れ

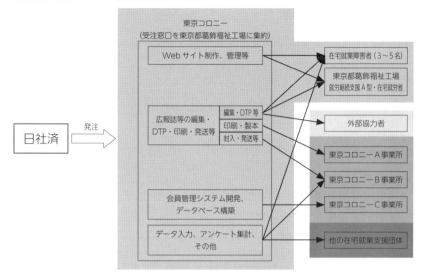

　もう一つ、先で述べたとおり日社済は福祉施設に対する研修や調査研究に対して助成事業を行っていますが、東京コロニーでは年に1回、在宅就業障害者をはじめ、これから在宅就労を希望する人や関係者向けのセミナー研修を実施しており、その経費の大部分をこの助成交付金で賄っています。在宅就業障害者支援制度において、在宅就業支援団体のミッションでもある職業指導等に対し公的な助成金等が設けられていない現状では、こうした民間の助成事業をうまく活用し、実績を残していくことでその役割を果たしていることもあります。

（2）サテライトオフィス

　自宅での就業のほかにも、情報セキュリティや業務スキル・能力開発の観点から自宅で可能な業務には一定の制約も考えられることから、支援団体によっては障害者が集うサテライトオフィスを設けて仕事を確保し効率的な支援を目指すケースもあります。

○ アリストンホテルによる宿泊者データ入力業務、経理データ入力業務等

- 発注企業：アリストンホテルズアンドアソシエーツ株式会社（東京都）
- 在宅就業支援団体：特定非営利活動法人在宅就労支援事業団（熊本県）
- 在宅就業場所：サテライトオフィス（就労継続支援B型事業所等を併設）
- 対象業務：宿泊者カード情報のデータ化、経理データ入力業務ほか
- 特例調整金：支給実績なし

特定非営利活動法人在宅就労支援事業団（事業団）は2006年、九州で第一号となる在宅就業支援団体に登録されて以来、約300名の在宅就業障害者に対し支援を行っているほか、就労移行支援事業所や就労継続支援B型事業所も開設しています。

そこでは、全国的にも数少ない「就労支援事業所による在宅利用（※）」も積極的に行っていて、必要な知識や技術の習得、能力開発のための訓練機会の提供などを地域や家庭、市区町村、関係各機関と協力しながら展開しています。

また、発注元企業であるアリストンホテルズアンドアソシエーツ株式会社（以下、「アリストンホテル」という。現在は西日本や九州エ

サテライトオフィス外観

リアで４つのホテルを展開）と提携し、西日本、九州エリアにおける社会貢献や地域活性化にも特に力を入れています。

アリストンホテルと事業団の出会いは、2016年に相次いで発生した熊本地震にあったといいます。

アリストンホテルの経営者が熊本県出身ということもあり、故郷で被災した人たちの雇用や就労支援を積極的に進め復興につなげたいと考え、障害者の在宅就労支援に実績のある事業団に相談したところ、両者が直接協力関係を構築するに至りました。現在では事業団に登録していた在宅就業障害者４名がアリストンホテルに雇用されることになりました（今後業務拡張に伴い増員の予定）。雇用された社員は事業団が熊本市内に開設した「サテライトオフィス（2018年８月）」にて決められた日程に従い在宅と通勤を併用する働き方を確立し、同社の宿泊者カード情報のデータ化や経理データ入力業務を担うまでに至っています。

また、事業団はこのサテライトオフィスの開設と同時に、就労継続支援Ｂ型事業所「在宅就労支援事業団Ｂ型事業所」も併設し、定員20名のうちの半数を「在宅利用可能」としており、クライアントから委託された仕事の一部も請け負っています。

このようにサテライトオフィスを利用する企業の社員と就労支援事業所の利用者が同じ建物の中でともに仕事に向き合う環境が生まれることにより、就労を目指す利用者にとって、実践的な訓練機会の提供にもつながっています。将来はここでの就労経験を活かし、さらなる

オフィス内の就労

雇用への道筋も期待されています。

　こうした取組みの結果、障害者雇用率を伸ばす企業も台頭し、併設のＢ型事業所や在宅就業障害者への発注も積極的に行われるという事例も増加し、在宅就業障害者支援制度における今後の発注実績も大いに期待されるという好循環が発生しています。

　このほかにも事業団は、事業展開の手を緩めることなく、さらなる手立てとして志を同じくする全国各地の就労支援事業所と連携し、独立採算方式によるグループ企業を募集し「在宅就労支援事業団グループ」を展開しています。九州エリアだけでなく、東京、大阪、沖縄など７か所の事業所が「在宅就労支援事業団」の看板を掲げ、「在宅就労支援の地域格差の解消」「地域特性に応じた事業の確立」を目指しています。

※　2012年３月発の行政通知「就労移行支援、就労継続支援事業（Ａ型、Ｂ型）における留意事項について」の中で、これまで通所を原則としていたこれらの福祉サービス利用を、条件付きながら在宅でも利用が可能であるとされた。2015年４月には同様の条件により就労移行支援事業所にも適用されるようになりました。

●サテライトオフィスにおける社員、Ｂ型、在宅就業障害者の関係図

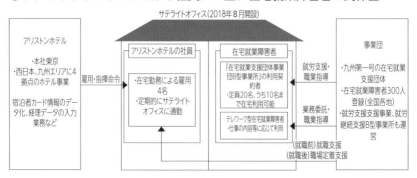

コラム

テレワーク支援の全国ネットワーク「全障テレネット」を立ち上げて

社会福祉法人東京コロニー　職能開発室　堀込 真理子

1　事業の内容

当ネットワークは、正式名称を「障がいのある方の全国テレワーク推進ネットワーク」（略称：「全障テレネット」）といい、平成29年6月に発足した支援組織です。

重い障害や疾病のある人の働き方を従来から模索し、在宅就労の支援および推進を各地で実施してきた実績のある団体で構成されています。

メンバーは、北海道、関東、中部、中四国と広域であり、かつ組織の形も、非営利団体、企業、第3セクターと多様。この特徴を活かして、単独では困難であった課題を掘り下げられるよう取り組んでいます。

全障テレネット案内チラシ

2　現在の状況と目標

発足後まもなく、在宅就労を阻む課題に対し「障がいのある人のテレワー

クに関する緊急の要望書」を厚労省に提出。団体間の喫緊の共有課題であった就労中のヘルパー利用制限にまずはフォーカスを当てました。
今後の目標は、
○　テレワークを前提とした働く力、支援の力などのモデル検討
○　テレワーク業務を複数の事業所で協働する仕組み作り
○　テレワークのための広報・啓発活動、調査・研究　等としています。

　障害のある人のテレワークにおける全国的な共同受注は例がありません。複数の事業所で担う際の仕事の進め方や品質の統一感、遠隔のワーカーに対する教育の方法など、多様な組織がこれまで積み上げてきた蓄積を糧にして取り組む予定です。
　また、ICTの活用により、企業と遠隔地の障害のある人とのテレワークのマッチングなどが始まっています。地域と中央双方の現場のノウハウを持つ全障テレネットだからこそ、取り組める課題解決があるはずだと考えています。

【全障テレネット事務局】
Email：challenged@s-challenged.jp
https://www.facebook.com/zensyotelenet/

【ネットワーク 構成団体】
特定非営利活動法人札幌チャレンジド（北海道）／社会福祉法人東京コロニー　職能開発室（東京都）／株式会社沖ワークウェル（東京都）／特定非営利活動法人バーチャルメディア工房ぎふ（岐阜県）／株式会社広島情報シンフォニー（広島県）／社会福祉法人かがわ総合リハビテーション福祉センター(香川県)／特定非営利活動法人ぶうしすてむ（愛媛県）

(3) 福祉施設での就業

　本制度を活用した福祉施設における事例としては、主に「物品製造・組立」「各種軽作業」のケースが報告されています。最近は自宅よりも福祉施設での就業が増えており、今後の活用も期待できる分野といえます。以下、いくつかの事例を紹介します。

　実際に特例調整金が支給されている事例は、神奈川県に集中しています。2008年に（株）研進が神奈川県で第1号の在宅就業支援団体に登録され、永年の発注企業である本田技研工業（株）や地元スーパー「しまむらストアー」等に特例調整金が支給されるに至りました。その経験とノウハウを他の福祉施設にも提供し、神奈川での同団体登録が増えました。在宅就業支援団体である（株）研進、（福）進和学園、（福）すずらんの会、（福）足柄緑の会等がお互いに情報やノウハウを交換するとともに、所轄の神奈川労働局の親身なる指導も大きく貢献していると思います。

① ホンダによる自動車部品組立作業等の発注

- 発注企業：本田技研工業株式会社
- 在宅就業支援団体：株式会社　研進（横浜市）
- 在宅就業場所／障害者：
　　社会福祉法人進和学園（B型・就労移行／知的障害者：約120名〜平塚市〜）
　　社会福祉法人小田原支援センター（B型／知的・精神障害者：約50名〜小田原市〜）
　　NPO法人フレッシュ ベルカンパニー（B型／精神障害者：約5名〜平塚市〜）
- 対象業務：①自動車部品の組立　②福祉施設自主製品（菓子類等）
- 特例調整金：2009年度より継続支給

ホンダから受注する自動車部品の組立作業は、研進（在宅就業支援団体）が仲介して（福）進和学園および（福）小田原支援センターを利用する知的・精神障害者が従事しています。2019年の１月からは、NPO法人フレッシュベルカンパニーに所属する精神障害のある方数名が職員とともに進和学園の福祉工場「しんわルネッサンス」に「施設外就労」の形で就業しています。ホンダとの取引は、1974年に始まり45年目を迎えています。

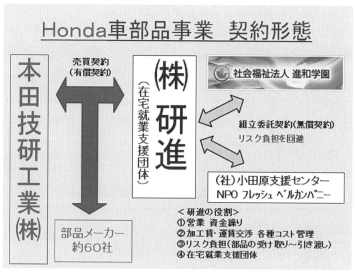

出典：「株式会社研進ホームページ」より

　研進は、ホンダと売買契約・部品取引基本契約（有償契約）を締結して部品支給メーカー（約60社）から部品を購入し、組立加工を行った完成部品をホンダの生産計画に合わせて各製作所に納品しています。研進は、進和学園および小田原支援センター、フレッシュベルカンパニーと組立委託契約（無償契約）を締結して、部品の組立作業をこれらの福祉施設に委託しています。営業や売買に伴う資金繰り、加工賃・運賃交渉等は研進が担い、進和学園及び小田原支援センター、

フレッシュベルカンパニーは、基本的にリスク負担を回避する形態をとっています。研進は、福祉施設の営業窓口会社として商社機能を果たしています。各々の専門性を活かした分業と協業のスタイルが事業運営の特徴といえます。

　大半を占める知的障害者の障害特性を踏まえ、「一人一工程」による正確性を最優先、同じラインにおいてA型、就労移行、B型の利用者が混在しながらチームを組んで役割分担を行っている点が特徴といえます。判断力を要する部品の準備や完成品の検査は、A型の従業員が担い、比較的単純な組立作業は就労移行もしくはB型のメンバーが担当しています。

45年目を迎える進和学園でのホンダ車部品組立作業
発注企業のホンダに特例調整金が支給されている

　機械メーカーOBを進和学園の職員として迎え、部品が正しく組み付けられるように導く「治工具」（組立作業を正確に行うための組立治具と、組付けた製品に不具合がないかを検証する検査治具があります）を独自開発して活用しています。拠点の福祉工場「しんわルネッサンス」では、2007年に知的障害部門では日本初となる国際標準ISO9001認証も取得し、品質保証および工程管理に注力しています。

> **発注者** **本田技研工業株式会社**
> 購買本部 埼玉購買業務部　コスト課課長 新屋 博幸 氏
>
> **お取り引きの流れについて教えてください。**
>
> 「包括的な部品取引基本契約を結んだうえで、他のお取引先さまと同様、仕事内容、ボリューム、納期などを確認し、お見積もりをいただき、対他競争力も含めて確認してからお願いするという非常にシンプルな考え方です。こちらで作業量や作業レベルを考慮するということはなく、そこは研進さんにおまかせしている。福祉という点は特に意識していません。弊社創業者の本田宗一郎以来の理念に、自立と平等と信頼を重んじる「人間尊重」があります。目の前に困っている人がいたら魚を与えるのではなく釣り竿を与える方を選ぶ。冷たく見えるかもしれませんが、これは自立を重んじるからこそ。障害のあるなしも多様性の一つと考えています。」
>
> **お取り引きを継続する秘訣は？**
>
> 「車は2万点の部品からなる、お客様の命を預かる商品です。1つでも間違いがあってはならないので、信頼できる相手と長くお付き合いができるというのは、非常に大きなメリットになる。研進さんとは、地道な話し合い、ミスのない納品で、信頼関係を築き上げてきました。発注のボリュームは、景気などにより変動するものの、継続してお付き合いをいただけるのは有り難いことです。また、量産の面においても治具を内製しつくりの改善をするなど常に生産改善に努められている事も継続する大きな理由となります。」

出典：厚生労働省「平成29年度　在宅就業障害者マッチング事例集」より抜粋

　ホンダは、自社グループでの障害者法定雇用率を達成する一方、永年に亘り福祉的就労分野にも仕事を発注してきましたが、法定雇用率にはカウントされず、社会的に評価される仕組みはありませんでした。特例調整金制度の導入により、ホンダに発注奨励金が支給されるに至ったことは大きな前進であり、関係者にとっても嬉しい出来事でした。2009年度から10年連続でホンダに特例調整金が支給されていますが、日本の自動車メーカーでは、現時点、唯一の事例となっています。

　ホンダから部品組立の仕事を受注するのは研進ですが、実際に部品組立作業を行うのは、進和学園または小田原支援センター、フレッシュベルカンパニーを利用する障害者です。

特に、フレッシュベルカンパニーは、職員１名に利用者３～４名がチームを組み、福祉工場「しんわルネッサンス」に出勤して「施設外就労」の形で従事しています。

　研進は、進和学園等の福祉施設の営業窓口会社として仕事を仲介していますが、在宅就業障害者支援制度では、このような福祉施設の窓口会社を想定しておらず、在宅就業支援団体の登録に関して、厚生労働省から現場視察も行い現状を確認し、本制度の適用に向けて下記の措置を講じることとしました。これにより、在宅就業契約（労働施策）と福祉サービス契約（福祉施策）との整合性は保たれ、両者が矛盾なく実務上の支障も回避して、発注企業であるホンダへの特例調整金支給が可能となりました。

⑴　在宅就業契約書は、研進（甲：在宅就業支援団体）／在宅就業障害者（乙）／進和学園または小田原支援センターほか（丙：福祉施設）の三者調印とする。
⑵　研進は、在宅就業障害者及び進和学園または小田原支援センターほかに、「業務の対価」（工賃）、支払年月日、支払方法を明示し、各福祉施設を通じて支払うこととする。
⑶　進和学園または小田原支援センターほかの職員（管理者以外の従事経験者１名以上）に、研進の在宅就業支援団体業務を委嘱する。（専任の管理者１名は、研進社員とする）

　本事例を参考とした制度の応用事例に関しては、第５章でも触れたいと思います。

② スリーエムジャパンによるテープ・リール検品・製品のクリーニング・梱包等の発注

- 発注企業：スリーエムジャパン株式会社
- 在宅就業支援団体：社会福祉法人すずらんの会（相模原市）
- 在宅就業場所／障害者：社会福祉法人すずらんの会（Ｂ型・就労移行／知的障害者：約140名）
- 対象業務：①テープ・リールの検品・製品のクリーニング・梱包（再利用）
  　　　　②衛生用品の検査・組立・梱包
- 特例調整金：2014年度より継続支給

　米国の世界的な素材・日用品メーカーのスリーエム（３Ｍ）が100％出資するスリーエムジャパン（株）（旧：住友スリーエム（株））より永年に亘り仕事を受注している社会福祉法人すずらんの会は、ワークショップ・フレンド（就労移行支援）が、毎年20人もの障害者を一般就労に導くとともに、ワークショップ・SUN（就労継続Ｂ型）では、平均月額工賃は約59,500円という高い工賃を実現している在宅就業支援団体です。

　在宅就業場所は、上記２施設の他に就労継続Ｂ型事業所の２施設の合計４か所を登録して、スリーエムジャパン（株）から受注しています。

　対象業務は、①半導体や電子部品のマイクロチップの輸送や保管のためのキャリア・テープ巻取りリールを再利用するための検品・製品のクリーニング・梱包作業、②防塵マスクの検査・梱包作業が中心で、主に知的障害者が従事しています。

　スリーエムジャパン（株）以外にも、物流・化学工業・加工業者および県立公園の４企業（団体）から業務を請け負い、在宅就業支援団体として合計５社に「発注証明書」を交付し各社に特例調整金が支給されています。特例調整金支給事例（2017年度12件）の半数近くを占

めていることとなります。これら発注企業との間で業務委託契約を締結、委託料（売上）から経費（平均60〜70％）を控除した30〜40％が業務の報酬（工賃）として障害者に支払われます。

スリームジャパンより請け負うテープ・リールの検品
全国平均を大幅に上回る工賃支給を実現している（すずらんの会　ワークショップ・フレンド）

　「働くことを通じて支援する」ことに大きな価値観を置き、利用者の就業規則や工賃規程を施設職員に準じて定め、有給休暇、振替休暇、残業、賞与といった項目も含まれている点は、極めて先進的といえると思います。就労継続Ｂ型利用者の「労働者性」の問題（福祉施設利用者は、労働者ではなく訓練生とされるが、本来、労働者としての権利を限定的とはいえ保全すべきとの問題提起）を考慮する上でも参考となる事例です。
　良質な仕事を確保し働き甲斐に満ちた就労機会を提供するとともに、障害基礎年金とあわせて自立生活を可能とする工賃水準を目指すという目標を法人内で共有しています。福祉制度上の職員の配置基準を大幅に上回るパート職員を採用し、充実した就労支援サービスが提供できるのも、「仕事の確保」によりいわゆる福祉会計に加え、作業会計からも人件費が賄われているからに他なりません。「在宅就業障

害者支援制度」に基づく特例調整金支給が、発注企業にも一定のアピールとなって「仕事の確保」につながっているものと思われます。

同法人とスリーエムジャパン（株）との出会いは、今から35年程前、前理事長の自宅の近所にお住まいのスリーエム社員の方の紹介で内職（緩衝材の検品作業）からスタートし、その後「施設外就労」（企業内就労）を導入したところ、「障害者を外に連れ出すことはけしからん」と行政指導を受けたそうです。

昨今「施設外就労」が大変有効な就労形態として注目され奨励されていることを踏まえると隔世の感があります。すずらんの会は、「施設外就労」の原型を世に問い、種々の制約を乗り越えてきました。現在も、自らの施設内での就業に加えて積極的に「施設外就労」を展開、発注企業への特例調整金支給と合わせた好事例を蓄積しています。

③ GSユアサによるプラスチック成形の発注

- 発注企業：株式会社GSユアサ
- 在宅就業支援団体：社会福祉法人足柄緑の会（神奈川県南足柄市）
- 在宅就業場所／障害者：社会福祉法人足柄緑の会（B型・就労移行／知的障害者：約60名）
- 対象業務：プラスチック製品製造（成形）に係わる検品・梱包
- 特例調整金：2017年度より継続支給

障害者を持つ親の会である「南足柄手をつなぐ育成会」が母体となって設立された社会福祉法人足柄緑の会では、中沼ジョブセンター（就労移行・B型）および松田センター（B型）を在宅就業場所として、主に知的障害者がプラスチック成形に伴う検品・梱包作業に従事しています。定期的に仕事を発注している企業は8社、不定期も含めると12〜13社から自動車部品・医療機器・事務用品等のプラスチック部品の成形を請け負っています。

中でもGSユアサからの仕事は、1997年の創業以来のもので、法人設立に際し関係者が同社に勤務していたご縁でスタートし、GSユアサの他に地元企業の協力も得て、一定の仕事量を見込みプラスチック成形機を3台導入しました。現在、成形機は7台に増えていますが、いずれも足柄緑の会の設備投資によるものです。これも、GSユアサはじめ発注企業からの「良質な仕事」を確保し、価格・品質・納期といった企業側のニーズに応える品質保証と工程管理を実現しているからに他なりません。

　2013年に品質保証の国際標準ISO9001認証も取得して、一般企業並みの高い技術を発揮し信頼を獲得しています。大型の成形機がずらりと並び整然と制御されながら次々に部品を製造する光景は、福祉施設の常識を超えるもので驚かされます。

プラスチック成形機7台による機械化・自動化を進める足柄緑の会生産事業部（中沼ジョブセンター）

　GSユアサの仕事は、自動車のバッテリーを構成するプラスチック部品で、ここで働く障害者の工賃水準を支えています。

　現在、在宅就業障害者支援制度に基づく特例調整金の対象は、GSユアサの他に事務用品のリサイクル作業を発注している地元企業の2社ですが、今後、他の発注企業についても同制度を活用した展開が期

待されます。

　一方、本制度の適用に当たり悩ましい問題も浮上しています。足柄緑の会では、有能な障害者を職員として雇用する取組みを行っていますが、雇用形態の場合は、本制度の対象外とされるためGSユアサへ支給される特例調整金は減少してしまうのです。A型（雇用型）とB型（非雇用型）を併設している福祉施設でも同じ問題点が指摘されています。本来、B型からA型への移行を促すべきでしょうが、発注企業への特例調整金は、B型のみが対象とされるためA型への移行を阻む要因にもなりかねないのです。

　また、足柄緑の会では、積極的な機械化・自動化を推進しており、生産性は飛躍的に高まり障害者への工賃もアップしていますが、それが発注企業への特例調整金に反映しないという矛盾を抱えています。

　現在、「発注証明書」は、障害者一人ひとりの作業時間記録を根拠として作成しているため、機械化・自動化による作業時間の短縮や作業の効率化は、「発注証明書」における工賃総額を減ずる結果となっているというのです。発注企業からの「良質な仕事」の提供、および福祉施設の設備投資や自助努力は、本来、共に社会的評価を得て然るべきものであり、本制度の活用においても検討を要する課題といえます（これらの問題点については、第6章でも触れたいと思います）。

「人間尊重」の企業理念と
ホンダ車部品事業

株式会社研進 代表取締役　出縄 貴史

　私が従事する株式会社研進（以下、「研進」という）は、神奈川県平塚市にある社会福祉法人進和学園（以下、「進和学園」という）の営業窓口会社です。進和学園は、1958年に40名の知的障害児のために自宅を開放して発足した小さな民間施設でした。その後、児童の成長に伴い「就労」の問題に直面します。学園も内職仕事や学校のトイレ清掃等を請け負うものの支払える工賃はわずかで、就職先を見つけることも困難でした。

　そこで、初代理事長の出縄明の実兄で私の父である出縄光貴（いずれも故人）が、本田技研工業株式会社（以下、「ホンダ」という）に勤務していた経歴から、創業者の本田宗一郎様の絶大なるご支援を得る幸運に恵まれました。進和学園の窮状を知った本田宗一郎様の鶴の一声で、ホンダの製品の部品組立の仕事を手掛ける道が拓けたのです。

　1974年、出縄光貴は、ホンダ様と進和学園を仲介する研進を創設し、授産施設「進和職業センター」が開設しました（本田技研様の「研」と進和学園の「進」を合わせ社名としました）。ホンダ浜松製作所においてプロジェクトが組まれ、社員の皆様が来訪、2か月に及ぶ泊まり込みの指導をしてくださいました。ホンダ様とお揃いの白いユニフォームが全員に贈られ、インジェクション・マシンやプレスといった大型機械類が無償貸与され、正に先進的な「民福連携」の授産事業がスタートしたのです。

　以来、45年間、ホンダ様のご厚情の下、働く喜び、役立つ喜びをわかち合ってきました。現在、進和学園の利用者は、500名（就労系：200名、生活介護系：300名）を超えました。児童部はなくなりましたが、特別支援学校を卒業した18歳から98歳の高齢者まで、知的障害以外にも身

体・精神障害のある方々にも利用いただ

　2006年、ホンダ車部品事業を担う福祉工場「しんわルネッサンス」が稼働、法人内他施設および連携福祉施設の社会福祉法人小田原支援センターを含めて、今も約150名もの方々がホンダの自動車部品の組立作業に励んでいます。福祉施設を利用する障害者の平均月額工賃は、全国平均で15,000円台と低水準ですが、「しんわルネッサンス」は、46,000円以上とその約3倍となっています。

　進和学園の発展は、ホンダ様のご支援なくして語ることはできません。亡き父の跡を継いで私が研進の代表に就いてから14年が経過し、この間、常に気になっていたこと、それは、永年に亘りホンダ様が、私どものような福祉施設で働く障害者に貴重な仕事を発注くださっていることに対して、社会的な評価が正当に為されていないということでした。ホンダ様は、この事業を「福祉」とは位置付けず「研進（進和学園）が、価格・品質・納期を守り、達成しているから取引先の一つとして発注する」という姿勢を貫かれています。

　窓口は、障害者雇用を所管する管理部門ではなく、一貫して購買部門が担われています。だからこそ、私達も「福祉だから」といった甘えを排し、知的障害部門の福祉工場で日本初となるISO9001認証も取得し、ホンダ様のスタンダードをクリアすることができたのだと思います。然るに、その背景には、ホンダ様の「人間尊重」（自立・平等・信頼）という企業理念にも象徴される親身かつ忍耐強いご指導があったことを私達は忘れません。

　2006年、「在宅就業障害者支援制度」が創設されました。本制度を適用して、ホンダ様に特例調整金が支給されれば、永年に亘るご尽力が社会的にも評価され報われると考えました。

　研進は、神奈川県で第1号の在宅就業支援団体として厚生労働省の登録を得て、2009年からホンダ様に特例調整金が支給されるようになり現在

コラム

も継続しています。本邦自動車業界で唯一の事例です。

さらに、研進は進和学園の事業の多角化に注力、地元平塚市の有名スーパー「しまむら」様における「施設外就労」を仲介し、スーパーでの人手不足を背景に、商品の品出しや野菜の袋詰め、清掃や環境整備といったバックヤード業務を知的障害者の仕事として請け負いました。2013年から毎年「しまむら」様に特例調整金が支給されていますが、こちらはスーパー業界で初の事例として新聞等でも大きく報じられました。

2015年度に国が創設した優先発注企業等厚生労働大臣表彰は、福祉施設に積極的に仕事を発注、もしくは福祉施設が手掛けた物品を購入した企業を表彰するもので、栄えある第1回表彰にホンダ様他10社が表彰されました。ようやく、制度・施策が実態に追い着いてきたというのが率直な感想です。

優先発注企業等厚生労働大臣表彰
塩崎泰久大臣（当時）よりホンダ様に表彰状授与
（2015年10月28日厚生労働省にて）

今後、「在宅就業障害者支援制度」が企業に対する発注奨励策としてわかりやすい名称に改定され、障害者・企業・支援団体のすべての関係者の

メリットにつながるよう拡充されることを願っています。ホンダ様のみならず日本の大手自動車メーカーも、自社での障害者直接雇用に加えて、良質な仕事を福祉施設に発注をいただきたいと思います。また、スーパー「しまむら」様に倣い、各地域のスーパーや小売業界も「施設外就労」という形態で福祉施設へのアウトソースを導入していただきたいと思います。私たちが実践しているのですから、同様の事例はもっと増やせるはずです。

　そして、本制度が障害者の直接雇用以外に「発注」ベースも当該企業の法定雇用率に加算される「みなし雇用制度」に発展すれば、日本の福祉的就労の工賃水準は著しく向上し、障害者就労全体の底上げに大きく貢献するものと確信します。障害者の直接雇用をないがしろにするのではなく、一定基準（例えば、2.0％）までは雇用を義務付け、それを上回る部分については、「発注」ベースも法定雇用率にみなすというような工夫を凝らせばよいわけです。

　「みなし雇用」の導入は、雇用と福祉との格差是正にもつながります。このような雇用と福祉のハイブリッド型の制度・施策を導入することによって、障害者の希望や適性を活かした多様な就労機会が創出されることを期待したいと思います。

（4）施設外就労（企業内就労）

　本制度は、支援団体のサポートを得て障害者が発注企業へ出向き、当該企業の業務を請け負う「施設外就労（企業内就労）」の形態もあります。

　障害者本人にとって、一般就労に近い環境で就労する機会が得られ、発注企業にとっては、労務管理負担の軽減、人手不足対策、人件費削減に加え、有能な障害者を見極め「雇用」につなげる人材発掘の場となります。そして、福祉施設等の支援団体にとっては、障害者への指導に係わる比較優位性・専門性を発揮する機会となるなど、関係者すべてにとってメリットが大きいといえます。発注企業への特例調整金・特例報奨金支給も考慮すれば、今後、ますます有望な就業形態といえると思います。

　また、障害者総合支援法において、この「施設外就労（企業内就労）」については、福祉施設への報酬（助成）単価を加算する「施設外就労加算」等（※）の仕組みが導入されています。福祉施設にとっては、施設内での通常の配置基準と異なり職員が利用者（障害者）を引率して企業へ赴き支援するため、その分の負担に報いるもので、利用者1人当たり1日につき1,000円＋α（地域区分に応じて若干の加算）が支給されます。

　労働施策として、発注企業に対して特例調整金・特例報奨金が支給され、福祉施策として福祉施設へ「施設外就労加算」等が還元されることは、「施設外就労（企業内就労）」の普及促進を図る上で有効であり、この種の施策の拡充が期待されます。

※　就労移行支援体制加算・施設外就労加算：
　利用者1人当たり1日につき、就労移行支援事業の場合は「就労移行支援体制加算」、就労継続支援A型・B型事業の場合は、「施設外就労加算」として、以下の報酬が加算されます。
　100単位×10円×事業所が所在する地域区分に応じた割合
　ただし、1月の利用日数から必要な評価・支援等を行うための2日間を除く日数が限度とされます。

① スーパー「しまむら」によるバックヤード業務の発注

- 発注企業：株式会社しまむら
- 在宅就業支援団体：社会福祉法人進和学園
- 在宅就業障場所／障害者：
  社会福祉法人進和学園（B型／知的障害者：約15名）
  NPO法人フレッシュベルカンパニー
  　　　　　　　　（B型／精神障害者：約5名）
- 実際の就業場所：「しまむら」各店舗（施設外就労）
- 対象業務：
  ①各店舗のバックヤード業務（商品陳列、野菜袋詰め、清掃等）
  ②福祉施設自主製品（パン・クッキー類、工芸品等）店頭販売
  ③関連農業事業者の補助作業（野菜の収穫・袋詰め、ハウス・畑の除草等）
- 特例調整金：2014年度より継続支給

　平塚市の有名スーパー「しまむら」では、現在、11店舗において進和学園をはじめ福祉施設が手掛けた自主製品が並ぶ「福祉」コーナーを設けて販売。また、進和学園のメンバーが2チームに分かれ同店へ赴き、「施設外就労」の形態で働いています。

　バックヤードチームの5名は、主に野菜の袋詰めや商品の品出し等を請け負う一方、店内清掃や店外の植込みや花壇の整備等を担当する環境整備チームの4名も各店舗を巡回して作業に励んでいます。定期的に店頭での自主製品の試食販売会も実施しています。

　2014～2016年度は、近隣の福祉施設NPO法人フレッシュベルカンパニーの利用者（精神障害者）が、「しまむら」の関連会社が運営する農業ハウスにおいて農作業（小松菜の収穫・袋詰め、ハウスの除草等）を、同じく「施設外就労」形態で請け負いました。

　「しまむら」での取組みは、2014年度にスーパー業界初の特例調整

金支給事例となりました。地域に密着した企業（流通）／農業事業者／福祉施設が連携した汎用性のある事業形態として注目されています。日本経済新聞（2015年5月14日）他の新聞紙上でも紹介され、「しまむら」は、障害者雇用優良事業所としても表彰されています。

「しまむら」もホンダやスリーエムジャパンと同様に、法定雇用率を満たした上で地元福祉施設に仕事を発注しており、地域への貢献を通じたCSR（企業の社会的責任）の観点からも有意義な取組みといえましょう。

このように、地域のスーパーに4～5人のチームで訪問し、野菜の袋詰めや品出し、店舗清掃や環境整備を行う事例は、およそ「在宅」の範疇とは異なる就業形態ですが、本制度の対象となることを知っておくべきと思います。

「施設外就労（企業内授産）」は、障害者本人にとって、発注企業の社内で就業することから一般就労に最も近い環境での就業経験を積み、実績が認められて「雇用」への道が拓ける可能性もあります。実際に、進和学園の就労継続支援B型事業や就労移行支援事業を利用していた方から、5名がスーパー「しまむら」に就職しています。

スーパー業界初の特例調整金支給事例
「しまむら」(平塚市で11店舗展開)での施設外就労

発注者 **株式会社しまむら**
執行役員　長持店店長　大友康弘氏

お取り引きを始めるにあたり不安だったことはありますか？

「私たちは平塚だけで展開しているスーパーで、常に地元への貢献ということは意識してきました。しかし、正直、福祉の分野でどのように社会貢献できるか見当もつかなかった。まず、どのくらいの仕事量をお願いできるのかがわからない。正式なお取り引きを始める前に、とにかくトライしてみようと、お試し期間というかたちで様子を見ることができたのと、指導役として職員を1名必ずつけていただいたことで、安心してスタートをきることができました」

発注して良かったことを教えてください。

「結果的に、コストに見合うかたちで仕事をしていただいています。社員やパートのスタッフも、自分の仕事に責任感と自信を持つようになりました。また、進和学園さんとのさまざまな活動がメディアにとりあげられることによって、事業のPRにもつながっています」

出典：厚生労働省「平成29年度　在宅就業障害者マッチング事例集」より抜粋

② ピップ（株）による物流センター内業務の発注

- 発注企業：ピップ株式会社
- 在宅就業支援団体：社会福祉法人すずらんの会
- 在宅就業場所／障害者：社会福祉法人すずらんの会（就労移行・B型／知的障害者：定員20名）
- 実際の就業場所：ピップ株式会社 南関東物流センター（施設外就労）
- 対象業務：
    - ①清掃（食堂、トイレ12か所、階段等）
    - ②破材（ダンボール箱の分解処理）
    - ③オリコン（折りたたみコンテナの受入れ・仕分け）
- 特例調整金：2014年度より継続支給

　ピップ（株）は、家庭用磁気絆創膏「ピップエレキバン」をはじめ、「ピップマグネループ」、「スリムウォーク」などの自社開発商品の製造販売や医療衛生用品、健康食品、ヘルスケア用品などの卸販売を行う会社です。

　社会福祉法人すずらんの会の「ワークセンターやまと」（就労移行・B型）は、ピップ（株）の南関東物流センター（神奈川県大和市）において、ピップ（株）より「施設外就労」の形態で仕事を受注しています。①清掃（食堂、トイレ12か所、階段等）　②破材（ダンボール箱の分解処理）　③オリコン（折りたたみコンテナの受入れ・仕分け）の3班があり、現在、職員2名に利用者（主に知的障害者）9名がチームワークを発揮して働いています。職員は、適宜巡回して、特に経験が浅くサポートを要する利用者を注意深く見守ります。

左：清掃員

下：破材班

オリコン班

ピップ（株）南関東物流センターで、3班に分かれて作業に従事する（社）すずらんの会の皆さん

　筆者が取材した日は、清掃班は各階のトイレ清掃を実施、利用者の方はこの仕事に従事して日も浅いことから職員が密着して丁寧に指導していました。破材班のメンバーは、経験も豊富のようで回収されたダンボール箱を分解して所定の場所に運ぶ仕事を自らの判断でテキパキと対応しており、職員が傍にいなくても同じ職場のパート社員とのコミュニケーションも良好で明るく元気に台車を運ぶ姿が印象的でした。オリコン班は、職員1名に利用者5名が協力し合い、かなりのスピード感をもって効率よく仕事をこなしていました。就労移行支援3名と就労継続B型2名の混成チームとして編成している点は、進和学園「しんわルネッサンス」の混在職場にも通ずる特徴といえます。

　各地の消費者に迅速・確実に商品を届ける物流業務は、経済活動および人々の生活に不可欠なものであり、大量の品々が行き交う巨大な物流センターの環境整備や物流に伴う付帯業務を行うことは、社会に役立っていることが実感できる働き甲斐に満ちた仕事といえるでしょう。

　ピップ（株）からの仕事は、すずらんの会の職員による飛び込み営業が契機となり、1999年にスタートし、20年目を迎えています。企業と福祉施設との連携により成り立つ「施設外就労」のフロントランナーともいえる事例で、当初は時給400円でしたが、現在は時給540円

（本人工賃330円）が支給されており、月額工賃も約40,000円と全国平均を大きく上回る水準となっています。

この「施設外就労」を通じて障害者の職能訓練が図られ、これまでに、すずらんの会からピップ（株）に6名が就職して直接雇用にも結び付き、ピップ（株）は法定雇用率も満たしています。昼食時には、就職した先輩とすずらんの会のメンバーが合流することもあります。就職した方が悩みや相談事を抱えているような場合、すずらんの会の職員が適宜サポートできることも「施設外就労」の大きなメリットといえます。就職した方々の職場への定着支援およびピップ（株）の労務管理負担の軽減にも寄与しています。

ピップ（株）のロジスティクス事業は各地に物流センターを設けてドラッグストアーへの配送を行っていますが、南関東物流センターにおける「施設外就労」の事例に倣い、各地域の福祉施設と連携して障害者の就労機会を拡充することも期待できると思います。すずらんの会が、在宅就業支援団体として各地域の福祉施設に当該業務を仲介することも可能ではないでしょうか。

③ 公益財団法人神奈川県公園協会による「施設外就労」の発注／官公需への展開

ここでは、スーパーマーケットと物流センターにおける「施設外就労（企業内就労）」の2例を紹介しましたが、他に現在、「施設外就労」として特例調整金が支給されている事例として、公益財団法人神奈川県公園協会が、地域の福祉施設2法人に、それぞれ次の業務を発注しているケースが報告されています。

- 神奈川県立相模原公園における花壇のメンテナンス業務の委託（相模原市）
- 植樹用ポット苗の栽培作業の委託（平塚市）

神奈川県公園協会は、2つの福祉施設（在宅就業支援団体）が発行

する「発注証明書」における工賃実績を合算して特例調整金受給の手続きを行っています。

　県立公園における花壇の整備に加え、園内清掃や除草作業等の環境整備の仕事は、「官公需」の性格を帯びているといえます。相模原公園以外の県立公園も同様の「施設外就労」の展開が可能と思われます。

　官公庁や地方行政における障害者雇用の水増しが問題化しましたが、法定雇用率ありきの障害者雇用に執着し過ぎるといわゆる「雇用のミスマッチ」が多発しかねません。一般就労した知的・精神障害のある方達の多くが職場に定着できずに退職を余儀なくされるケースが多いことは前述したとおりです。民需とあわせ官公需においても、直接雇用に加えて福祉施設への優先発注が期待されます。官公需については、障害者優先調達推進法が定められていますが、官公庁や地方行政において、同法による発注実績を加味した評価を行い、雇用と発注とのバランスのとれた就労対策を推進すべきと考えます。特に「施設外就労」の形態は、障害者本人はもちろん、発注者や福祉施設等の支援団体を含む関係者にとってメリットは大きく、官公需においても活用可能な分野は広く顕著な成果をもたらすものと確信します。

ダイバーシティ・インクルージョンと「施設外就労」

経済アナリスト（元 MS&AD 基礎研究所株式会社　上席研究員）　大越　健一

　「ダイバーシティ・インクルージョン」については、経団連がその重要性を説いた提言「ダイバーシティ・インクルージョン社会の実現に向けて」（2017年5月16日）を発表しています。ダイバーシティは多様性という表現で説明されており、性的少数者のLGBTだけでなく、障害者も含まれます。異なる人を受け入れ、かつその人達の持つ力を引き出すことが重要であるため、インクルージョンとセットで使われるようになりました。

　ダイバーシティを取り入れると組織や地域が活性化するといわれています。ダイバーシティ・インクルージョンを実現させて地域を活性化させた取組事例として、石川県の社会福祉法人佛子園の取組みついて紹介します。

1　三草二木　西圓寺

　石川県小松市にある西圓寺は、1473年の創設以来、地域の人々が集まる場として親しまれていましたが、20世紀末頃に廃寺になりました。2005年に元住職が亡くなると、佛子園は西圓寺から廃寺活用の相談を受けました。

　そこで、佛子園は「障害者の参画」と「地域の協力」の2点を条件に応じました。西圓寺プロジェクトのコンセプトは、色々な人がそれぞれの持前を発揮して支え合うコミュニティを創ることでした。三草二木という別名はそのコンセプトを表す言葉です。

　佛子園は、地域コミュニティの中で障害者を身近に感じてもらえるよう

に西圓寺を再生する取組みを行い、町民に親しんでもらうためには温泉が最適と考え、掘削しました。

また、西圓寺改築にあたっては大規模なリノベーションは行わず、家具などは寺が所有していたものや地域から寄贈されたものを利用しました。温泉にはレストランを併設し、老若男女、障害者も健常者も、さまざまな人々が温泉につかり、お堂に集まって飲食しながら談笑するのが日常光景となりました。地元の農産物が買える市も定期的に開催し、お堂ではライブやコンサートも開いているので常に人々で賑わっています。

西圓寺の福祉機能は、就労継続支援Ｂ型事業所、障害者のデイサービスにあたる生活介護、高齢者デイサービスの３つです。これらの機能は、ソーシャルインクルージョンの理念に基づき展開されています。Ｂ型事業所は、仕事内容として地域住民へのサービス、特産品作りなどを行っています。障害者は町外に車で15分〜20分圏域に住んでいる人が多く、毎日送迎されています。西圓寺（佛子園）で働く障害者の方たちは、毎日、「施設外就労」に従事しています。

町民による温泉利用は無料で、入湯札の仕組みにより、誰が温泉に来たかがわかるようになっています。しばらく来ない人がいればその状況も把握できます。温泉管理は掃除も含めて、無料で利用している町民によりボランティアで行われています。

西圓寺は、地域の中心にあり、寺を挟んで東西は別のコミュニティでしたが、西圓寺が再生して町全体の交流が生まれました。また、町民利用の他に他地域の住民、他県などの一般の温泉利用者、見学者など大勢の人が来訪するようになり、障害者と交わって「福祉を日常にすること」が実現されています。

昔、お寺は日常的に町の人々が自然と集まり、さまざまな催しが行われる場所でした。新しい西圓寺も、住民同士が分け隔てなく共に支え合い暮らしを営むための拠点として現代に蘇ったといえます。その鍵となってい

るのが、障害者就労です。

　西圓寺の開業資金は、温泉掘削も行ったため多額の費用を要しました。開業後最初の４年間は障害者がすぐに集まらなかったことで赤字が続きましたが、障害者雇用が進み、障害者関連の助成金、補助金が力となって黒字化しています。

　西圓寺には、重度心身障害の男性と認知症の老婆がよく来訪していました。ある時、認知症の老婆が重度心身障害の彼にゼリーを食べさせようとしました。しかし、彼は首がほとんど動かないので、スプーンがうまく口の中に入らずゼリーが口の端から流れ落ちてしまいました。そこで、老婆が食の介助を毎日繰り返していくうちに、１週間後にはゼリーが口の中に入るようになりました。彼のほうから食べやすいように首を動かし、その可動域が広がったのです。老婆もゼリーを食べさせるのが上手になり、２、３週間もすると一発でスプーンが口の中にスポンと入るようになりました。

　また、この老婆の義理の娘からは、義母の深夜徘徊が激減したことへの謝意がありました。老婆は毎日、障害者にゼリーをあげねばと思い、毎朝早く起きて西圓寺に行くようになり、就寝時間が守られて深夜徘徊が減ったのです。福祉のプロがどう頑張っても認知症の老婆の深夜徘徊癖を直せず、重度心身障害者の首の可動域も増やせなくて困っていましたが、高齢者と障害者という２人の当事者が交わっただけで両方の問題が改善しました。ダイバーシティ・インクルージョンによって状況が活性化した好例といえます。

２　シェア金沢

　シェア金沢は、金沢駅から東南方向に約６km離れた高台の土地に所在する生涯活躍の町で、佛子園が2013年に設立しました。シェア金沢の町のコンセプトは「高齢者も、若者も、子供も、障害のある人もない人も、"ごちゃまぜ"で楽しく暮らせる町」というものです。

サービス付き高齢者向け住宅（サ高住）、知的障害児童の入所施設などの福祉施設、アトリエ付き学生向け住宅があり、天然温泉やレストランもあります。居住者以外に近隣住民の温泉利用などで多くの人々から利用されることが想定され、食事をしながら高台から見える町の風景を楽しめます。

　シェア金沢では、多様性（ごちゃまぜ）を意識し、サ高住、学生寮、障害者グループホームを混在して配置し、互いの気配を感じられるようにしています。整然と区画するのではなく、あえて裏道のようなものを作り、道を歩く際に挨拶や触れ合いが生まれるよう工夫されています。各施設やお店では障害のある人達が元気に働いています。また、高齢者も農作業やショップ等でボランティア活動を楽しんでいます。

3　周辺コミュニティとの交流

　シェア金沢は、生涯活躍の町というコミュニティを形成しているだけでなく、周辺地域との交流も実現しています。施設を地域にオープンにすることで、障害のある子供達が地域の人々とコミュニケーションをとる機会が増えています。デイサービスは介護保険対象者以外も利用できるため、温泉利用者や地域の元気な人たちも参加し交流の場となっています。学生も生涯活躍の町の住民として参加しています。学生向け住宅の家賃は低く設定されていますが、その代わりに月30時間のボランティア活動が義務付けられています。

　シェア金沢には12店のテナントが入っており、入居料はフリーとなっています。入居料無料の代わりに、テナントが行うスポーツ体験、野外活動の体験、料理教室などで町づくりに貢献してもらうという考え方があります。またテナントは、障害者の就労が条件となっています。料理教室、ライブハウスのサポートなどは障害者の仕事となっています。佛子園は、大括りでＡ型就労何人という形でテナント全体を登録し、テナントごとにＡ型かＢ型かを決めて障害者就労を促進しています。佛子園にとっても、

コラム

◆◇◆◇◆◇◆◇◆◇◆◇◆◇◆◇◆◇◆◇◆◇◆◇◆◇◆◇◆◇◆◇◆◇◆

シェア金沢において障害者の仕事のサポートをすることで、多額の収入を得ることができます。障害者の定員稼働率が重要であり、障害者になるべく働いてもらうこと、休まず働いてもらうことがシェア金沢のオーナーである佛子園の経営上の課題です。経営課題に向けた取組意識は、以下の取組みに見られるように非常に高いものがあります。

重い障害のある方や高齢者はどうしても他人から指示されることが多いのですが、常にそのような環境にいるとどうしても心が塞ぎがちになります。そこで、佛子園は、障害者や高齢者に動物の世話をしてもらうためにシェア金沢にアルパカ牧場を作りました。役割を担って少しでも他人に喜んでもらい、社会に貢献できる実感を持てるようになると元気になるので、社会貢献活動を障害者、高齢者にやってもらいたいとの思いがあり、重い障害を持っていても、病気であっても、年をとっていても、その人自身の存在価値はあるとの認識を佛子園の職員が共有していたのです。また、アルパカを選んだのは、おとなしく飼いやすいという理由からです。

シェア金沢の施設で暮らす障害のある方々は、コミュニティ内のテナントに施設外就労することで賃金を得て、動物の世話などを通じて生き甲斐を感じて暮らしています。ダイバーシティ・インクルージョンを実現した生涯活躍の町であり、安倍総理も視察に訪れました。

佛子園は、西圓寺、シェア金沢で培った障害者の「施設外就労」を石川県内の様々な都市で展開し、ダイバーシティ・インクルージョンを推進しています。

◆◇◆◇◆◇◆◇◆◇◆◇◆◇◆◇◆◇◆◇◆◇◆◇◆◇◆◇◆◇◆◇◆◇◆

第5章

在宅就業支援団体の登録と応用

第5章　在宅就業支援団体の登録と応用

在宅就業支援団体による企業と福祉施設の仲介

（1）福祉施設以外による在宅就業支援団体の登録（在宅就業契約と福祉サービス契約の両立）

　在宅就業障害者支援制度における発注パターンについては、前述のとおり大きく3種類があります（64ページ参照）。企業が直接、在宅就業障害者に仕事を発注するパターンと在宅就業支援団体を通じて発注するパターン、そして、後者は、就業場所が就労移行支援事業所や就労継続支援B型事業所等の福祉施設となる場合と発注企業の指定する場所へ赴いて仕事を行う「施設外就労（企業内就労）」に分けられます。

　通常、在宅就業支援団体は、既存の就労移行支援事業所や就労継続支援B型事業所等の福祉施設が登録され、福祉サービス業務に加えて在宅就業支援団としての業務を行いますが、これとは異なる形態として、福祉事業を営まない企業や組織が在宅就業支援団体として登録され、その役割を果たす形態があります。

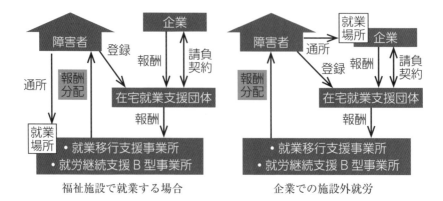

福祉施設で就業する場合　　　　企業での施設外就労

1 在宅就業支援団体による企業と福祉施設の仲介

この形態においても、図のとおり就業場所として福祉施設はもちろんですが、発注企業の事業所もしくは同企業が指定する場所での「施設外就労（企業内就労）」のケースが考えられます。企業等に赴く施設外就労については、福祉サービス契約に基づき福祉施設の職員が障害者に付き添い、指導・援助を行う必要があります。

この場合に問題となるのは、「在宅就業契約」と「福祉サービス契約」の関係です。この形態における在宅就業支援団体は、発注企業および福祉施設との間で業務契約（請負契約等）を締結して、両者を仲介する役割を担っています。しかしながら、障害者との間での福祉サービス契約は締結していません。2つの契約を矛盾なく両立させる工夫が求められることとなります。

●福祉施設以外の在宅就業支援団体の登録

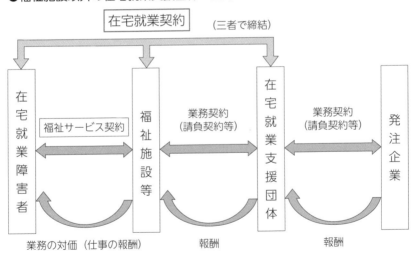

在宅就業支援団体は、このように企業と福祉施設を仲介する形態を元々は想定していませんでした。第4章の事例紹介で取り上げたホンダ（発注企業）からの研進（在宅就業支援団体）・進和学園（在宅就業場所となる福祉施設）への発注事例は正にこのケースです。

そこで、研進は、労働局および厚生労働省の担当者に現場を視察してもらい協議を重ねた結果、発注企業であるホンダから仕事を受注する研進が在宅就業支援団体として登録されました。また、「在宅就業契約」は、障害者本人と進和学園も当事者として加わり、三者調印を行いそれぞれの関係を明確化するとともに福祉サービス契約に支障が生じないよう整合性を保つこととしました。在宅就業障害者へ支払う業務の対価（報酬）は、通常パターンであれば在宅就業支援団体を兼務する福祉施設が「福祉サービス契約」に基づく工賃支給と一体化して行います。ただし、本ケースにおける在宅就業支援団体は、「福祉サービス契約」の当事者ではないので、「在宅就業契約」の中で、業務の対価（報酬）の額、支払年月日、支払方法を明示し、福祉施設はこれに基づき在宅就業障害者に支払います。

また、進和学園の職員に研進の在宅就業支援団体業務を委嘱して配置することより、「福祉サービス契約」とあわせ「在宅就業契約」における障害者本人への指導・支援を担うこととし実効性を確保しています。

（2）複数の福祉施設への仕事の仲介

本形態は、在宅就業支援団体が複数の福祉施設に仕事を仲介するケースにも応用が可能です。前述のホンダ車部品組立の場合も、研進は進和学園内の3施設に加えて、社会福祉法人小田原支援センターおよびNPO法人フレッシュベルカンパニーにも一部仕事を分担して提供しています。進和学園のみならず他の福祉施設に所属して作業に励む障害者への支払工賃は、ホンダに支給される特例調整金の基礎数値として合算されます。

第4章の具体事例でも紹介した物流センターや県立公園における「施設外就労」は、1か所ではなく各所に所在しており、それぞれの地域に所在する地元福祉施設を利用する障害者にとって貴重な就労機

会となるはずです。この場合、それぞれの福祉施設を在宅就業支援団体に登録して「発注証明書」を発行し、発注企業（団体）は、各福祉施設から「発注証明書」を入手し合算して特例調整金・特例報奨金の申請を行うことが考えられます。しかしながら、福祉施設に対する経費支援を行うような仕組みがない現状では、在宅就業支援団体を目指す福祉施設は少数に限られてしまうのが実情です。そこで、特定の在宅就業支援団体が、全体に網をかぶせて発注企業と福祉施設の仲介役を果たすことにより就労機会の拡充が図れると思います。

昨今、福祉施設における共同受注も活発化してきており、特定の有力な福祉施設が在宅就業支援団体として旗振り役を担い、複数の福祉施設を在宅就業場所として登録して仕事を仲介することによって、特定の福祉施設のみならず多くの福祉施設を利用する障害者に恩恵をもたらすことにもなると期待されます。

●在宅就業支援団体による仕事の仲介

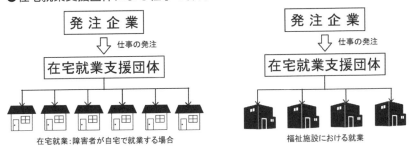

本形態は、特殊ケースのように思われるかもしれませんが、文字どおりの自宅での在宅就業の場合は、在宅就業支援団体が大勢の在宅就業障害者による自宅での就業に対して仕事を仲介するわけですから、複数の福祉施設に仕事を仲介することは決して特別なことではなく、本制度を活用して障害者に多様な就労機会を創出する上で有効な形態といえます。

（3）期待される仲介業務（在宅就業支援団体）への参入

　発注企業からの仕事量が多く、一つの福祉施設では対応しきれない場合や仕事を行う拠点が何か所もあり地理的にも離れているような場合、特定の在宅就業支援団体が複数の福祉施設に仕事を仲介する業態は、今後、大いに期待されるところです。発注企業にとっても、福祉施設ごとに個別に業務委託契約を交わすことは手間がかかり大変ですし、各福祉施設が在宅就業支援団体に登録されているわけではありません。そこで、特定の在宅就業支援団体を通じて複数の福祉施設に仕事を提供し、「発注証明書」もまとめて集計して交付してもらうことが合理的といえます。

　現在、在宅就業支援団体の登録数は22件と少数ですが、障害者の能力開発、就労支援、職場定着支援や人材派遣、あるいは、福祉施設のコンサルティング等を営む企業や団体は多く存在します。それらの企業や団体が、今後新しいサービス・メニューとして在宅就業支援団体に登録し、この分野に参入すれば状況は大分変わってくるものと思います。在宅就業障害者支援制度を上手く応用することにより、福祉的就労の底上げが図れるものと考えます。

2 発注企業が複数の場合の「発注証明書」の作成

　在宅就業支援団体は、発注企業に対して「発注証明書」を交付しますが、その金額は、当該企業から受注した仕事の報酬から在宅就業障害者に実際に支払った年間工賃総額であることは前述のとおりです。

　この場合、特定のA社から発注された仕事で支給工賃の全額を賄っていれば計算は容易ですが、A社以外に複数の企業から受注しそれを複数の在宅就業障害者が分担して受注するようなケースにおいて、「発注証明書」に記載すべき支給工賃の金額をどのように計算するかが問題となることがあります。

　例えば、次ページのようにA・B・C社から同種の商品の製造の発注を受け、在宅就業障害者a～eの5名が分担するような場合、各々の障害特性や能力を踏まえて担当する工程を割り振り、チームワークで対応するケースはよくあることです。作業効率も人によって異なるため、同じ時間でも生産量に差が生じ、業務の対価（工賃）にも反映されます。予め発注企業毎にかつ在宅就業障害者毎に業務の対価（工賃）を積算することは容易でなく、事後的に合理的な集計を行う必要に迫られることがあります。

　このような場合の実務上の対応として、所轄の労働局や行政とも協議することがありました。現行規定はこのようなケースまで想定していないというのが現状ですが、協議の過程で私たちは在宅就業障害者へ支払った年間報酬（工賃）を年間売上高に占める当該発注企業の割合により比例案分する方法が合理的かつ現実的であろうとの見解を提示しています。

●発注企業が複数の場合の「発注証明書」の作成実務①

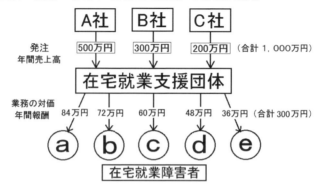

　上記の図は、A・B・C社から同種の商品の製造を発注され、在宅就業障害者a～eの5名が分担した場合の例示ですが、この場合の「発注証明書」における業務の対価（報酬）の計算は次のとおりとすることが合理的と考えられます。

A社：300万円 × 500万円／1,000万円 ＝ 150万円(業務の対価／工賃)
B社：300万円 × 300万円／1,000万円 ＝ 　90万円(同上)
C社：300万円 × 200万円／1,000万円 ＝ 　60万円(同上)
合計：　　　　　　　　　　　　　　　　　300万円

　厳密には、個々の製品の利益率や工賃還元率等は異なり、契約形態も種々のケースが想定されますので個別に検討を要するものと思いますが、このように発注企業や在宅就業障害者が複数に及びお互いの協力関係から「良質な仕事」の確保につながり障害者の自立・就労支援に貢献するのであれば、それをバックアップする制度設計が必要です。「発注証明書」の作成における集計方法にも工夫を凝らし、より制度の活性化を図ることが肝要と考えます。
　現在のところ、このような計算を考慮せざるを得ない複雑なケースは少ないのですが、今後、本制度の普及に際して念頭に置いておくべ

きことと思います。特に、福祉施設の自主製品の発注・購入にまで本制度の対象が拡大された場合には、このようなケースが増えることは必至であり、在宅就業支援団体には事務処理を含めて確実な対応が求められます。

●発注企業が複数の場合の「発注証明書」の作成実務②

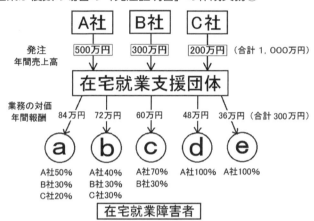

	a	b	c	d	e	発注証明書
A社	42	28.8	42	48	36	196.8万円
B社	25.2	21.6	18	−	−	64.8万円
C社	16.8	21.6	−	−	−	38.4万円
合計	84	72	60	48	36	300万円

次に、在宅就業障害者の中で、A社の仕事はa〜e5名の全員、B社の仕事はa〜cの3名、C社の仕事は、a〜bの2名が上図のように分担している場合はどうでしょうか。各社ごとに在宅就業障害者一人ひとりの報酬（工賃）を明確に取り決めている場合は問題ありませんが、同種の仕事を発注する企業が複数に及び、多くの在宅就業障害者で役割分担して対応するようなケースにおいては、「発注証明書」の作成に際しても合理的な計算根拠が求められます。

このような場合、在宅就業支援団体は、全体の報酬（工賃）を各人の分担割合に応じて集計して各企業宛に「発注証明書」を交付することが合理的と考えられます。

　ただし、このように発注された仕事を複数の在宅就業障害者で分担するような場合、各社からの発注額および在宅就業障害者個々人の分担額等が、業務契約（請負契約等）や報酬の支給明細等から合理的に説明できることが前提となりますので、当事者間で疑義が生じないよう明確化しておくことが求められます。

　以上のように、在宅就業障害者へ支払った年間報酬（工賃）を年間売上高に占める当該発注企業の割合により比例案分するような方法は、あまり馴染みがないと感じる方もおられるかもしれませんが、同じような方法により実務上の便宜を図る事例は数多く存在しています。

　筆者（出縄）は、かつて、損害保険会社に勤務し貨物保険を担当していましたが、例えば日本国内各地を輸送される貨物に係る運送保険における保険料率は、輸送区間（関東／北海道、東北、中部、近畿、四国、九州…）に応じて細かく基本料率が定められていました。現在は、保険料率も自由化されていますが、以前は、大蔵省（現財務省）所管の日本損害保険料率算定会（略して「算定会」という）が基本料率を算出し各損害保険会社は当該基本料率を遵守していました。

　一方、実際の運送保険の引受けに際しては、各輸送区間ごとに輸送金額を把握して都度保険を手配することは非常な手間を伴うことから、契約者から直近の3か月以上の一定期間の各輸送区間における輸送実績データを提出してもらい、加重平均することにより予め「突込率」と称する平均料率を算出し、当該突込率を輸送額に乗じて保険料を容易に算出する方法が採られていました。「突込率」とその算出の根拠となる輸送実績データは、算定会に届出を行い必要に応じて検証可能とされていました。

　このように、本来は個々に細かい積み上げ計算を行い集計すべきと

ころを、加重平均して合理的な集計方法を導入し実務上の便宜を考慮することは、制度の活性化を考える上で重要かつ必要であろうと考えます。

　上記事例のように、発注企業および在宅就業障害者が複数に及び、全部ではなく一部が業務の対価（報酬）の源泉となるような場合、業務の報酬（工賃）を売上高に応じて比例案分して一定の実務上の便宜を図ることにしても、在宅就業支援団体の事務負担は著しく増しますので、その点は十分留意する必要があります。現在、在宅就業支援団体の事務負担に対して経費支援を行う制度や仕組みはなく、在宅就業支援団体の登録件数が増えない大きな理由ともなっています。今後、例えば、在宅就業支援団体について、福祉制度上の自立支援費（公的助成）を一定加算するなど、福祉施設に対して同団体への登録を促す何らかのインセンティブを設けるべきとの意見も出ており、本制度の活用促進に当たり検討すべき重要項目の一つといえます。

[特別寄稿]

就労支援事業における仕事の確保について

NPO法人就労継続支援A型事業所全国協議会理事長　久保寺 一男

　障害者の就労は、一般就労と福祉的就労に分類できる。まず一般就労の障害者枠として雇用されるケースには、健常者と同じ環境で仕事をする場合と、特例子会社や重度障害者多数雇用事業所等の特定の環境の下に雇用される場合があり、主に特例子会社等は大きな企業が運営するケースが多く、仕事を確保することに苦労するということはあまりないように思う。

　一方、福祉的就労については、障害者総合支援法の訓練等給付費に基づく、就労系事業といわれる就労移行支援事業と就労継続支援（A型・B型）事業がある。就労移行支援事業は、原則2年の利用期間に一般就労に向け訓練および支援を行うものであり、就労継続支援は、「通常の事業所に雇用されることが困難な障害者につき就労の機会を提供するとともに、生産活動その他の活動の機会の提供を通じて、その知識および能力の向上のために必要な訓練その他の厚生労働省令で定める便宜を供与すること」とされている。

　A型は、雇用契約に基づく就労が可能である者に対して行う福祉サービスである。したがって、A型事業の利用者は労働者であり、B型は非労働者である。A型の利用者は、事業所と福祉サービス契約および労働契約の2種の契約を締結する必要がある。この2事業の就労継続支援事業は、利用者に支払われる賃金（A型）、工賃（B型）の多寡がサービスにおける評価項目の一つとなっている。この賃金・工賃の原資となるのが就労事業収入（作業収入）であり、種々努力しているが多くの事業所が良質な仕事の確保に苦戦しているのが実情である。

1 福祉的就労における賃金（A型）、工賃（B型）の現状

　厚生労働省による「平成28年度平均賃金（工賃）」（下表）を見ると、A型は月額70,720円、B型は15,295円である。A型は労働契約を締結し、最低賃金をクリアするという原則があるため、その縛りがないB型よりは賃金が高い。

　しかし、これは「平成18年度から平成28年度の平均賃金・工賃」（下表）に示されたとおり、A型事業の前身である福祉工場時代の113,077円（平成18年度）より低く、年々低下していて福祉工場からA型に完全移行した平成24年以降は横這いである。これはA型を利用している障害者が辛うじて、障害者年金と合わせて地域生活ができるぎりぎりの賃金水準であり、賃金アップの必要性が指摘されている。

　また、B型は最低賃金が適用されないため、平成18年以降微増はしているものの、平成28年度の平均工賃は月当たり15,295円であり、とても就労といえるレベルではなく障害者の生存権の観点からも問題となっている。

●平成28年度平均工賃（賃金）

施設種別	平均工賃（賃金）		施設数（箇所）	平成27年度（参考）	
	月額	時間額		月額	時間額
就労継続支援B型事業所（対前年比）	15,295円（101.7％）	199円（103.1％）	10,434	15,033円	193円
就労継続支援A型事業所（対前年比）	70,720円（104.3％）	795円（103.4％）	3,385	67,795円	769円

●平成18年度と平成28年度の比較

対象事業所	平均工賃（賃金）〈増減率〉
工賃向上計画の対象施設（※）の平均工賃 ※平成18年度は就労継続支援B型事業所、入所・通所授産施設、小規模通所授産施設	（平成18年度）　（平成28年度） 12,222円→15,295円〈125.1%〉
就労継続支援B型事業所（平成28年度末時点）で、平成18年度から継続して工賃倍増5か年計画・工賃向上計画の対象となっている施設の平均工賃	（平成18年度）　（平成28年度） 12,542円→17,110円〈136.4%〉

●就労継続支援A型事業所　平均賃金について

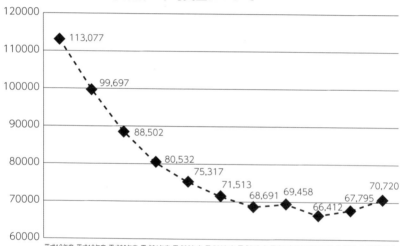

※平成18年度から平成23年度までは、就労継続支援A型事業所、福祉工場における平均賃金

出典：厚生労働省ホームページ「障害者の就労支援対策の状況」より「平均工賃（賃金）月額の実績について」（前ページ図表も同様）

2　工賃向上への取組みの制度

　国は、一般就労が困難である障害者の地域における就労支援を進めるため、以下に示すとおりいくつかの取組みを行っている。

①　工賃倍増5か年計画および工賃向上計画

　B型事業所等での工賃水準を向上させることが重要であるとし、各都道府県において工賃倍増5か年計画（平成19年度〜平成23年度）に基づき実施され、平成24年度からは3年ごとに「工賃向上計画支援事業」を実施継続している。

　しかし、前述のとおりB型を中心に微増であり、大きな成果を挙げているとはいえない。以下がその事業内容である。

● 「工賃向上計画」による福祉的就労の底上げ

> ○障害者の経済的自立に向けて、一般就労への取組みに加え、非雇用の形態で働く障害者の工賃を引き上げる取組みが重要。このため、「工賃倍増5か年計画」に基づき、官民一体となった取組みを推進。
> ○具体的には、各事業所において、民間企業等の技術、ノウハウ等を活用した以下のような取組みを実施。
> - 経営コンサルタントや企業OBの受入れによる経営改善、企業経営感覚(視点)の醸成
> - 専門家（例：農業の専門家）の技術指導による技術の向上
> - 一般企業と協力して行う魅力的な商品開発、市場開拓等
>
> ○複数の事業所が共同して受注、品質管理等を行う取組みの推進、工賃引上げに積極的な事業所における好事例の紹介、事業者の経営意識の向上および事業所職員の人材育成に資する研修・説明会の開催。
> ○障害者就労施設等に受注等を斡旋または仲介する等の業務を行う共同受注窓口の整備。

② 障害者優先調達推進法

　本法は、平成25年4月1日から施行された。障害者就労施設、在宅就業障害者および在宅就業支援団体の受注の機会を確保するために必要な事項等を定めることにより、障害者就労施設等が供給する物品等に対する需要の増進等を図り、もって障害者就労施設で就労する障害者、在宅就業障害者等の自立の促進に資するというものである。

① 国および独立行政法人等は、公契約について競争参加資格を定めるに当たって法定雇用率を満たしていることまたは障害者就労施設等から相当程度の物品等を調達していることに配慮する等、障害者の就業を促進するために必要な措置を講ずるよう努める。

② 地方公共団体および地方独立行政法人は、国および独立行政法人等の措置に準じて必要な措置を講ずるよう努める。障害者就労施設等は、単独でまたは相互に連携してもしくは共同して、購入者等に対しその物品等に関する情報を提供するよう努めるとともに、当該物品等の質の向上および供給の円滑化に努める。

　厚生労働省ホームページから、平成29年度の「障害者就労施設からの調達実績」（下表）は国・県・市町村等合わせて、18,205件、177.67億円であった。1件当たりの金額を計算してみると、多い順から地方独立行政法人が1,350万円、国が802.8万円、都道府県が234.3万円であり、全体では97.6万円であった。

●障害者就労施設等からの調達実績(平成29年度)

国及び独立行政法人等	平成28年度		平成29年度		前年度比較	
	件数	契約額	件数	契約額	件数	契約額
国	5,769	8.17億円	5,875	8.51億円	106	+0.34億円
独立行政法人等	5,819	10.40億円	6,830	13.11億円	1,011	+2.71億円
都道府県	23,640	25.16億円	24,814	27.51億円	1,174	+2.35億円
市町村	79,861	123.85億円	95,747	124.76億円	15,886	+0.91億円
地方独立行政法人	2,001	3.57億円	2,029	3.78億円	28	+0.21億円
合計	117,090	171.15億円	135,295	177.67億円	18,205	+6.52億円

※平成29年度における市町村実績は、1,741市区町村のうち報告のあった1,736市区町村の実績を合計したものである。
出典:厚生労働省ホームページ「障害者優先調達推進法に基づく国等による障害者就労施設等からの調達実績(平成29年度)について」

　役務の提供と物品購入の比較を厚生労働省のデータを基に計算し下記の表に示した。独立行政法人を除いた国・都道府県・市町村を比較してみると、金額ベースでいえば役務が6～8割と圧倒的に多い。また1件当たりで計算し直すと、役務は国が238.8千円、都道府県が114.5千円、市町村が319.7千円、全体で247.2千万円であった。一方、物品は国が89.4千円、都道府県が102.4千円、市町村が34.7千円、全体で44.2千円であった。都道府県のみ役務と物品の差が小さかった。

●平成29年度障害者優先調達推進法における調達実績

	役　務				物　品			
	件数	割合 %	金額 千円	割合 %	件数	割合 %	金額 千円	割合 %
国	2,177	37.1	519,995	61.1	3,698	62.9	330,580	38.9
都道府県	17,410	70.1	1,993,061	72.4	7,404	29.8	758,392	27.6
市町村	32,111	33.5	10,264,816	82.3	63,636	66.5	2,211,350	17.7
計	51,698	40.0	12,777,872	79.5	74,738	59.1	3,300,322	20.5

※割合は役務と物品を合わせて100%である
出典:厚生労働省ホームページ「障害者優先調達推進法に基づく国等による障害者就労施設等からの調達実績(平成29年度)について」より、国・都道府県・市町村の役務と物品のデータを抽出

障害者優先調達推進法による発注実績は、特例子会社や重度障害者多数雇用事業所も含まれているため、福祉的就労支援のＡ型、Ｂ型がどれだけ実績があるかはわからない。

③　発注促進税制について

　障害者の「働く場」に対する発注額を前年度より増加させた企業について、企業が一定の期間内に行った固定資産の償却について、上限の範囲内で当該増加額と同額の割増償却を認める措置（固定資産の普通償却限度額の30％を限度）である。当初、平成20年度税制改正要望において、障害者の「働く場」に対する発注等促進税制として、5年間の時限措置として創設された。さらに、平成22年度には、障害者の範囲の拡大（重度および精神障害者以外の障害者である短時間労働者を追加）が行われた。その後、適用期限の延長が認められ、現在令和2年度末までとされている。対象は特例子会社や重度障害者多数雇用事業所をはじめ福祉的就労の事業所や在宅就業障害者等も含まれる。

　実績については、下記に示すとおりである。これも障害者優先調達推進法と同じく、Ａ型やＢ型がどれだけ含まれているかはわからないが、平成27年度見込みであるが、全体で1年間74件であり、1件当たりの減税額は1,941千円であった。

●発注促進税制の適用実績（件数）

適用年度	平成23年度実績	平成24年度実績	平成25年度見込実績	平成26年度見込	平成27年度見込
適用件数	44件	50件	57件	65件	74件

出典：租税特別措置の適用実態調査の結果に関する報告書（財務省）
　　　※平成25年度以降については、対前年増加率を用いて推計

※本税制は、企業が障害者就労施設等に対して物品等の発注を行い、その発注

額が前年度よりも増加した場合に活用が可能となるものであり、景気が低迷し経費節減を行っている状況を踏まえれば、適用件数が僅少であるとは必ずしも言えない。
また、適用業種の状況を見ると、「サービス業39.9％」、「運輸通信公益事業33.6％」、「料理飲食旅館業9.3％」の順となっていることから、特定の業種に偏ることなく活用されているといえる。

●発注促進税制の適用実績（金額）

適用年度	平成23年度実績	平成24年度実績	平成25年度見込実績	平成26年度見込	平成27年度見込
割増償却額	245,371千円	301,972千円	371,728千円	457,597千円	563,302千円
減収額	73,611千円	90,592千円	94,791千円	116,687千円	143,642千円

出典：租税特別措置の適用実態調査の結果に関する報告書（財務省）

※平成25年度以降については、対前年増加率を用いて推計。減収額については、基本法人税率（平成24年までは30％、平成25年以降は25.5％）により算定。

　この制度は発注額が前年度を増加した分について対象となるため、ハードルが高いと思われる。また、障害者優先調達推進法の発注実績と同様に、特例子会社や重度障害者多数雇用事業所も含まれているため、福祉的就労支援のA型、B型がどれだけ実績があるかはわからない。

3　福祉的就労支援における課題

　福祉的就労支援における課題については、生産性を高めるという点に特化しても多くの課題がある。請負であれば単価・品質・納期が問題であり、自主製品であれば魅力ある商品開発、市場調査（ニーズ・価格設定）等が指摘されている。さらに、営業力の強化、利用者（労働者）の質の向上等が加わる。元々ハンディキャップを有す利用者（労働者）に働いてもらうゆえ、また一般企業と対等に勝負しなければならないゆえ、工夫や並

外れた努力が必要であろう。

特にA型は、平成29年2月に運営基準の見直しが行われ、「就労収入から就労経費を除いたものが賃金総額を上回らなければならない」とされ、未達成の場合、経営改善計画の提出を求められることとなった。平成30年3月に、国が全国の71%の事業所が就労収支赤字のため経営改善計画の提出を求められたと発表した。NPO法人就労継続支援A型事業所全国協議会（全Aネット）で実施した「平成27年度A型事業所実態調査における平成27年度の決算の収支」を以下に示す。就労支援事業における経費が大きく負担になっていることがわかる。ある程度の生産性を上げようとする結果と思われる。

●各項目の平均額（数値・n＝365）

（単位：千円）

	給付費収入	補助金収入	就労支援事業収支	利用者負担金収入	その他	収入合計
金額	29,243	4,563	29,133	465	4,166	66,963

	職員人件費	利用者賃金	福祉事業におけるその他経費	就労支援事業におけるその他経費	経常収支差額	支出合計
金額	18,656	18,316	10,364	18,694	1,760	66,963

※支出の部では、「就労支援事業におけるその他経費」18,694千円（27.9％）がもっとも多く、僅差で続く「職員人件費」18,565千円（27.7％）、「利用者賃金」18,316千円（27.4％）の3項目で、全体の約半数を占める。また、経常支出差額は1,760千円（2.6％）と会計全体では黒字となっている。一方、就労支援事業では、事業収入が29,133千円に対して、利用者賃金18,316千円、就労支援事業におけるその他経費18,694千円と合計37,010千円であり、就労支援事業単独では7,877千円の赤字となっている。

出典：NPO法人就労継続支援A型事業所全国協議会平成29年8月発行「就労継続支援A型事業の課題と今後のあり方について～就労継続支援A型事業所全国実態調査報告書」

同じ実態調査において、Ａ型事業所の主な取引先・販売先について見てみると、取引先・販売先の第１～３位を集計すると、民間企業が一般（個人）・通販への卸し、店舗への卸しを加えれば、実に61％を占めている。

　次に、Ａ型事業の課題について３つ（第１位～第３位）までを聞いている。第１位を「良質な仕事の確保」とする回答が最も多く、第２位までの合計でも一番多かった。しかし、第３位までの合計では僅差の２番目であり、「利用者の成長（能力開発）の促進」が一番多かった。この２つが飛びぬけて多かった。したがって、仕事の確保、しかも最低賃金をクリアするためには良質な仕事の確保が重要であるというのが各事業所の認識であった。

　特にＡ型の場合、一般就労への努力も求められる。職業能力の訓練を行い、力量が上がってきたところで一般就労に送り出さなくてならないことは、最低賃金を保障し、経営を安定させることとは矛盾していないだろうか？　一部の経営感覚の優れた方、バックに企業が支援してくれる環境が整っている事業所、福祉工場時代からの実績から経営的には安定期に入っている事業所などは例外であろう。

　新規に事業を立ち上げた場合、先の見通しがつくのに最低３年の期間は必要であり、順調に推移するのには５年を覚悟しなければならない。それだけの財力があればよいが、多くは零細事業所であり、何らかの有効な支援策を講じる必要があると考える。

4　抜本的変革が必要な発注促進策

　福祉的就労の現状と、国等の工賃（賃金）アップの施策は前述のとおりである。しかし、工賃倍増５か年計画および工賃向上計画については、官民一体となった推進とはなっているが、コンサルタント業務が主であり飛躍的な効果は期待できない。２番目の障害者優先調達推進法については官公需が主であり、また、発注促進税制についても、Ａ型・Ｂ型を中心とした福祉的就労分野のみのデータが示されていないので、詳しくわからない

が、限定的な範囲となっている。

　一般就労が難しい障害者にとって、福祉的就労は必要である。また、将来、一般就労の可能性がある障害者にとっても、一定の環境と期間の下、生活面・精神面のサポートを受けながら就労能力・適応性を習得することは有効である。そのためにも福祉的就労現場に仕事の確保を容易にする施策が求められる。今後、大きな可能性を秘めていると考えられるのが「みなし雇用制度」の導入である。

　企業が障害者を雇用している福祉事業所等に仕事を発注した場合に、その発注額の一定割合を障害者雇用納付金額に算定し、発注企業の実雇用率に算入する「みなし雇用制度」は、一般労働市場での就労が難しい重度障害者の雇用拡大策として、また、大企業と比べ実員としての雇用が難しい中小企業の実雇用率を引き上げる現実的な方策として、期待されるところである。

　企業側からすれば、間接的に障害者就労支援のサポートができ、海外への仕事の発注などと比較しても迅速に対応できることを考えれば、経済的にもプラスとなることが十分考えられ、また福祉的就労分野の就労支援Ａ型においては、生産事業収入の少なさが問題となり、Ｂ型においては低工賃が指摘されている。今まで述べてきたとおり、Ａ型やＢ型では仕事の確保が最重要課題である。障害者優先調達法に定める官公庁からの発注だけでは限界があり、供給規模の大きい民間セクターからの発注促進が望まれている。

　一方、「みなし雇用制度」には消化すべき課題も指摘されている。①企業の求める納期・品質・単価のハードルをいかにクリアするか、②一般労働市場での障害者雇用が福祉事業所での雇用に振り替わる懸念にどう対応するかなどである。こうした課題を乗り越え、福祉事業所に良質な仕事を提供して、一般就労が難しい障害者の就労機会の拡充につなげる「みなし雇用制度」の導入を期待したい。

解説

ディーセントワークを実現するマネジメント
～「どちらかというと得意なこと」に注目する～

法政大学現代福祉学部 教授　眞保 智子

1　ディーセントワークとは？

「ディーセントワーク：Decent Work」は、「国際労働機関：International Labour Organization（以下、「ILO」という）の第9代事務局長ファン・ソマビア氏が、1999年に第87回総会において提起した概念です。「ディーセントワーク」は、当初「好ましい仕事」や「働く価値ある仕事」等に訳されていました。現在では、ILO駐日事務所による「働き甲斐のある人間らしい仕事」という表記が定着し、厚生労働省も同様に表記しています。この概念は、2008年に第97回総会において採択された「公正なグローバル化のための社会正義に関するILO宣言」を経て、現在、2012年に就任した第10代ガイ・ライダー事務局長も、21世紀におけるILOの役割としてその推進を掲げています。

前掲「公正なグローバル化のための社会正義に関するILO宣言（以下、「2008年宣言」という）」では、「ディーセントワーク（働き甲斐のある人間らしい仕事）」の実現のために4つの戦略目標を示し、加盟国およびILOは、それに基づくべきであるとしています。その4つの戦略を要約すると以下のようになります。

① 持続可能な制度・経済的環境を創り出すことにより、雇用を促進すること
② 社会保障および労働者保護に関する方策の展開・強化
③ 政府・労働者・使用者、この三者間での対話促進
④ 労働における基本的原則および権利の尊重

2008年宣言には、この4つの戦略目標について等しく重要であり、不可分であり、相互に関連し、支え合うものであるとしています。したがって、4つの戦略は、どれも働くことを考える際に重要なことばかりですが、ひとまず本稿では、①の雇用の促進に注目していくことにしましょう。

2　「『比較優位』に基づく分業」は障害者雇用の持続可能な仕組み

①の戦略は、「官民を問わず、すべての企業が成長し、より多くの雇用と収入の機会や、すべての人にとっての将来見通しをもたらすことができるよう」持続可能な制度や経済的環境を「創造」することによって雇用の促進を実現しようと呼びかけているのです。「雇用」とされていますが、障害者の「働く」を考えるとき、福祉的就労の場における「ディーセントワーク（働き甲斐のある人間らしい仕事）」の実現も今後議論されなければならない課題でしょう。

さて、制度は社会の仕組みですが、それを構築するためには、社会の中で優れた個別の企業・組織の仕組みが一定程積み重ねられていくことが必要です。では、持続可能な仕組みを「創造」することで、知的障害者や発達障害者の雇用を進めた実例を見ながら考えていくことにしましょう。雇用を進めている企業組織の多くに共通する仕組みはあるのでしょうか。

独立行政法人高齢・障害・求職者雇用支援機構障害者職業総合センター「障害者雇用事例リファレンスサービス」掲載企業の取組みや筆者が行った調査で、その仕組みの1つに「『比較優位』に基づく分業」があることが見えてきました。「比較優位」とは、19世紀、イギリスで活躍した経済学者デヴィッド・リカードが「比較生産費説」で主張した考え方です。誰もが持っている「どちらかというと得意：比較優位」に注目する点が重要です。より低コスト（賃金だけでなく要する時間や質を総合的に判断して）で行える方が、その仕事に対して「比較優位」があるので、それに特化して仕事を担うことにより、組織全体として効率が上がるという考え方

解 説

です。

「『比較優位』に基づく分業」をすると、実際に生産性が高まることを下表で説明しましょう。

● 「比較優位」に基づく分類による生産量比較

〈著者作成〉	Sさん	Aさん	Bさん
味噌1tの生産に要する時間	4時間	12時間	12時間
醤油1tの生産に要する時間	6時間	8時間	8時間
週40時間労働で均等量生産するとき			
味噌の生産量	4t (16h)	2t (24h)	2t (24h)
醤油の生産量	4t (24h)	2t (16h)	2t (16h)
週40時間労働で「比較優位」がある方に特化して生産したとき			
味噌の生産量	10t (40h)	0t	0t
醤油の生産量	0t	5t (40h)	5t (40h)
味噌1t対醤油1tで交換して互いに必要なものを手に入れる			
味噌の量	5t	2.5t	2.5t
醤油の量	5t	2.5t	2.5t

　Sさん、Aさん、Bさんの3人が、それぞれ味噌と醤油を生産する仕事に就くとしましょう。そして、Sさんが味噌1tを生産するのに必要な時間は4時間、醤油1t生産する時間は6時間です。AさんとBさんは、味噌1tを生産するに必要な時間は12時間、醤油1t生産する時間は8時間かかるとしましょう。もし、3人が週40時間労働で、それぞれが生産に必要な時間で味噌と醤油を均等量生産する場合、Sさんは味噌に16時間、醤油に24時間使って、それぞれ4tずつ生産することができます。AさんとBさんは、味噌に24時間、醤油に16時間使って、それぞれ2tずつしか生産できません。

　ですが、同じ週40時間労働で、それぞれが相対的に得意な方に特化して生産するとどうでしょう。具体的には、Sさん、Aさん、Bさんが、そ

れぞれ味噌と醤油の生産に要する時間の短い方に特化して生産するのです。すると、Ｓさんは、味噌に40時間使い10t生産でき、ＡさんとＢさんは、醤油に40時間使い5ｔずつ生産できます。むろんどちらの方法でもＡさんとＢさんは、味噌でも醤油でもＳさんの生産能力にはかないません。それでも相対的に（どちらかというと）得意な方に特化して生産することで全体の生産量を増やすことができるのです。無事に、味噌と醤油が出来上がったら、交換して互いに必要なものを手に入れればよいのです。

　次に、具体的な事例を紹介しましょう。取り上げるのは、障害のない労働者と障害のある労働者が、比較優位の視点で分業する仕組みを構築した特例子会社の株式会社三越伊勢丹ソレイユ社の事例です。百貨店ビジネスの要諦は、顧客の潜在的需要を掘り起こし、日々の店頭販売業務で顧客のニーズを察知し、それに合致した商品を提案していくことです。このように店頭での接客が基幹業務でありながら、実際に販売員が店頭で接客できる時間は労働時間の50％ほどで、残りの50％はバックヤードで伝票を用意する、包装・梱包用資材の準備など販売周辺業務に対応していました。

　この販売周辺業務にかかる時間を圧縮できれば、基幹的な業務である店頭での接客販売の時間を増やすことで売上をさらに上げ、利益を生み出せる仕組みができますし、残業時間を減らすことにより持続可能な労働環境を構築することもできます。①人の手でしかできない仕事、②単純反復作業、③工程が少ない仕事、④納期が長い（無い）仕事、⑤失敗しても取り返せる仕事、この５つの指標で、セールスマネージャーやバイヤーを経験し、親会社の仕事内容をよく知る社長のＳ氏が親会社の事務部門や店舗から幅広い業務を集約しました。

　同社は、親会社のニーズを知っている強みから、それに応えるきめ細かい支援手法も蓄積して障害者雇用の拡大を実現し、同時に店舗の販売員たちの残業時間の縮減と接客時間の確保という持続可能な労働環境と経営資源を生み出す仕組みを創造し、「ディーセントワーク」をもたらしたといえましょう。

解　説

||||||||||||||||||||||||||||||||||||||||||||||||||||||||

　「『比較優位』に基づく分業」は、本稿でご紹介した特例子会社だけでなく、一般の企業でも就労継続支援Ａ型（雇用型）やＢ型（非雇用型）においても成果を上げている事例があります。福祉的就労は、employee（労働者）ではなくtrainee（訓練生）です。

　しかし、働く人誰もが安定的に仕事を継続するために前述した事例のようなマネジメントの方策を考えていくことが真のバリアフリー社会を構築するすべての人にとっての「ディーセントワーク」を実現する方途ではないでしょうか。

※本稿は、「JL NEWS」2014年８月号 NO.95（公益社団法人日本発達障害連盟）への寄稿内容を、一部編集して転載したものです。

||||||||||||||||||||||||||||||||||||||||||||||||||||||||

第6章

制度の普及・活性化と障害者就労の展望

制度の要改善点と普及・活性化に向けて

　本章では、「在宅就業障害者支援制度」の要改善点について整理し、普及・活性化に向けた施策について提言したいと思います。それは、前述した本制度の活用を阻む諸々の理由を解消し、解決に導く方策と重なります。

　また、本制度は、障害者雇用促進法における障害者雇用納付金制度という労働施策ですが、これからは、雇用一辺倒ではなく福祉的就労の底上げも考慮しつつ、より多くの障害者に恩恵をもたらす視点が不可欠と考えます。本書の随所で強調しているとおり、福祉施策と労働施策との連携・融合の重要性が高まっているのです。

　本制度は、以下に述べるような諸点を見直し、改善することにより日本の障害者就労環境を大きく前進させる可能性を秘めているのです。

（1）制度の名称変更

　本制度の名称に「在宅」という文言を冠しているため、文字どおりの「自宅」での在宅勤務に係る制度と解され、福祉施設に対する発注や施設外就労（企業内就労）の場合にも活用できることが認知されにくいとの声が多く寄せられています。もっとわかりやすい制度名に改めることが求められます（例：障害者優先発注企業奨励制度、障害者優先発注特例調整金等支給制度）。

　筆者が従事する（株）研進は、在宅就業支援団体として複数の福祉施設にホンダの自動車部品の組立作業を仲介していますが、「自宅で部品の組立てを行うことができるのでしょうか？」といった問い合わ

せをしばしば受けます。その度に、就業場所は自宅ではなく福祉施設であることを説明するのですが、大変申し訳ない気持ちにさらされます。

また、前述のとおり「施設外就労（企業内就労）」における本制度の活用は大いに期待されるところですが、「在宅」という名称からは程遠いイメージの就労形態であり、制度名の変更は急務といえます。

一方、皮肉なことに、本制度を活用している事例は少ないものの（2018年度特例調整金支給実績16件）、そのほとんどは自宅での就業ではなく福祉施設での事例となっています。「施設外就労（企業内就労）」に特例調整金が支給される好事例もあり、実態を踏まえた制度名が望まれるところです。

（2）事務ロードの支援策

在宅就業支援団体の事務ロード（発注証明書作成等）に係わる支援策を導入することも検討すべきと考えます。例えば、「福祉」制度上の自立支援費給付の加算を行えば、福祉施設のインセンティブを喚起することになります。

同団体への登録は、新たに法人を立ち上げることを想定しておらず、元々外注を受けて業務を行っている既存の在宅就業支援団体や福祉施設等を前提としていますが、事務経費を補う何らかの手当てを考慮しないと現実には手を挙げる事業者は少ないとの意見は多く、今後の重要な検討課題といえます。

別の角度から言えば、発注企業と在宅就業障害者を仲介する在宅就業支援団体としては発注企業との間で締結する業務契約（請負契約等）において、障害者に支給する目標工賃以外に自らの経費を賄い持続可能な取引とする条件設定を十分考慮しておくことが重要となります。

（3）特例調整金・特例報奨金の増額と支給要件

① 支給金額の増額

　発注企業に支給される特例調整金または特例報奨金は、在宅就業障害者への支払工賃額の５～６％の水準です（特例調整金：年間支払工賃35万円につき21,000円⇒６％、特例報奨金：年間支払工賃35万円につき17,000円⇒５％）。前述のとおり、障害者雇用納付金（法定雇用率に満たない場合のペナルティー）１人分が年間60万円（月間５万円）であるのに対し、障害者に仕事を直接発注して同額の特例調整金を受給しようとすると、約1,000万円の発注が必要となります。

　また、在宅就業支援団体を介して発注する場合は、発注額ではなく本人に支払われる工賃実額に基づき算定されるため、概ね3,000万円以上の発注が必要と試算されます。これでは、企業に十分なアピールを行うことはできず、特例調整金・特例報奨金の引上げを望む声が寄せられています。

　障害者を直接雇用して法定雇用率を満たした場合に、企業に支給される調整金（１人当たり月額27,000円）および報奨金（１人当たり月額21,000円）との比較においても、特例調整金・特例報奨金の水準はかなり低いといわざるを得ません。

　財源に制限があるため助成額のアップは容易ではありませんが、今後、法定雇用率の段階的な引上げが想定される中で、納付金（ペナルティー）による財源の拡大も見込まれます。直接雇用と発注とのバランスを保ちメリハリの利いた助成として企業のインセンティブを喚起することが肝要と思います。

② 特例報奨金の支給要件

　現在、常用雇用労働者が100人以下の事業主に対する特例報奨金支給要件は、「各月の雇用障害者数の年度間合計数が一定数（各月の常時雇用している労働者数の４％の年度間合計数又は72人のいずれか多

い数）を超えて障害者を雇用している場合」とされており、極めてハードルが高い内容となっています。その結果、本制度により支給されている事例は、これまですべて特例調整金（常用雇用労働者100人以上）の場合で、特例報奨金の支給事例は皆無となっています。

　本制度が発足した当時、障害者雇用納付金（ペナルティー）が課徴される基準は、常用雇用労働者300人超とされていましたが、その基準は、200人を経てさらに100人へと１／３に引き下げられました。

　一方、上記の報奨金の支給要件は緩和されておらず「各月の常用雇用労働者数の年度間合計数72人」、すなわち、平均６人（72人×１／12）の障害者を雇用しないと報奨金の支給対象とはならず、同じくそれに上乗せされる特例報奨金の支給対象にもなりません。

　中小企業の負担を軽減し、本制度の普及・活用を促すためにも、報奨金および特例報奨金の支給要件となる障害者雇用数を減らすこと（例えば、６人×１／３＝２名）も検討すべきと考えます。

（４）「みなし雇用制度」の導入

　本制度の普及、活性化のためには、障害者の直接雇用ではなく「発注」ベースの場合も発注企業の法定雇用率に加算する「みなし雇用制度」を導入することが望まれます。

　現在、特例調整金・特例報奨金は、障害者雇用納付金制度と同じ財源から支給され、前述のとおり、申請用紙も企業の ①直接雇用と②発注ベースの場合とが同一書式で併記されています。「発注」の場合も合理的な係数（例えば、年間支払工賃総額を最低賃金で除した数値）で当該企業の法定雇用率にみなすことにより、福祉的就労の底上げを通じて一般就労の拡充につなげるという視点が必要と考えます。

　「みなし雇用制度」の導入については、安易に「発注」に流れ直接雇用を妨げるのではないかとの慎重論が多いのですが、例えば、法定雇用率2.0％までは直接雇用を義務付け、それを超える部分について

「発注」も認めるというように二段階の仕組みにより一定の歯止めを設ければよいと考えます。慶應義塾大学の中島隆信教授は、法定雇用率の拙速な引上げは資源配分をゆがめ、かえって障害者と企業双方に不利益をもたらしかねないとの見解を示され、「みなし雇用制度」の導入を提言されています（2016年11月3日 日本経済新聞「経済教室」、本書210ページ「特別寄稿」参照）。

（5）Ａ型・Ｂ型事業所への発注に係わる制度の整合性

本制度は、雇用関係にあるＡ型事業所への発注は対象外とされます。そのため、発注企業の立場からは、Ｂ型事業所等への発注は対象となり、一部「みなし雇用」効果が認められる（法定雇用率未達成の場合に、特例調整金があれば障害者雇用納付金は減額相殺される）のに、Ａ型事業所への発注の場合は、制度上のメリットはないという矛盾をきたしてしまいます。

●障害者雇用促進法における「障害者雇用納付金制度」

企業からの発注を受ける福祉事業所	雇用調整金（報奨金）（雇用主に支給）	特例調整金・特例報奨金（発注企業に支給）
Ａ型事業所（雇用型）	○	×
Ｂ型事業所（非雇用型）	×	○
就労移行支援事業所	×	○

本来、Ｂ型からＡ型に移行させ工賃も引上げ雇用を創出すべきなのに、現行制度は、Ａ型を縮小しＢ型にシフトする真逆のインセンティブともなりかねません。そこで、前述の「みなし雇用制度」の導入は、Ａ型事業者への発注の場合も含めて実施すべきものと考えます。

Ａ型の場合、発注された仕事の恩恵を受けて「雇用」が創出され労働者としての権利も保全されるわけですから、発注企業の法定雇用率

1 制度の要改善点と普及・活性化に向けて

にみなすことはむしろ自然であり、発注企業への公平かつ正当な評価を行うためにも必要と考えます。

●研進が仲介するホンダ車部品事業　2008〜2017年度(10年間)実績&試算

	支払工賃 10年間合計額	進和学園 調整金	ホンダ 特例調整金	合計	備　考
A型 (20人)	3億1,469万円 (3,147万円)	6,480万円 (648万円)	なし	6,480万円 (648万円)	B型であれば、ホンダの特例調整金に1,888万円が加算される。
B型 就労移行 (170人)	4億3,917万円 (4,392万円)	なし	2,611万円 (261万円)	2,611万円 (261万円)	調整金は、A型のみに支給される。
合計	7億5,386万円 (7,539万円)	6,480万円 (648万円)	2,611万円 (261万円)	9,091万円 (909万円)	※(　)内は年平均

- A型の場合、進和学園(雇用主)に調整金が支給されるが、発注企業のホンダには、特例調整金等のメリットはない。
- B型で対応すれば、ホンダの特例調整金は、2,611万円 ⇒ 4,499万円(1,888万円の増額)と試算される。

　例えば、研進が仲介するホンダ車部品事業において、2010年度から2017年度に至る10年間の障害者への支払工賃／A型(進和学園)への調整金／ホンダへの特例調整金の各々の合計額を表示すると上図のとおりです。進和学園におけるA型定員20名の多くは、進和学園に雇用され従業員として働いています。ホンダの仕事の恩恵を受けて全国平均の約2倍の工賃(2018年度：月額平均工賃158,483円)を得て「労働者」としての権利も保全されているのです。雇用主の進和学園には、障害者雇用納付金制度から1人当たり月額27,000円(年間324,000円)の調整金が支給されています。定員20名で10年間合計で進和学園への調整金は、6,480万円に上ります。一方、発注企業のホンダには、全くメリットは還元されないのです。

進和学園および小田原支援センター他のＢ型利用者への支払工賃に限って、ホンダへの特例調整金が支給されますが、Ａ型定員の８倍以上の障害者の自立を支援し、全国平均の約３倍の工賃（2018年度：しんわルネッサンス月額平均工賃46,448円）を実現しているのに、ホンダが受給する特例調整金は、年間約260万円／10年累計2,611万円に過ぎないのです。仮に、Ａ型ではなくすべてをＢ型で受注していれば、ホンダへの特例調整金は10年間で1,888万円（年間150～200万円）が加算される計算となります。これらの金額を見比べても、特例調整金の水準是正（引上げ）が必要と感じますし、Ａ型とＢ型への発注に際して、整合性ある制度に改定することが望まれます。

障害者雇用納付金制度における財源の合理的配分を考慮し、Ａ型事業所（雇用主）に支給される雇用調整金の一部を発注企業の調整金または特例調整金に振分け充当することも一案といえます。

例えば、185ページの表のホンダ車部品事業において、進和学園が享受しているＡ型の調整金（年間648万円／10年累計6,480万円）から、Ｂ型で受注していた場合に発注企業のホンダに支払われるはずの特例調整金相当金額、年間150～200万円／10年累計1,888万円をホンダに振り分けて支給するといった方法も考えられます。当該「雇用」の創出に最も貢献している発注企業のメリットを考慮すべきと考えます。

（6）機械化・自動化との関連

これまで手作業で行っていた仕事を機械化・自動化したことに伴い、障害者の実働時間が短縮され、結果として発注企業に提出する「発注証明書」に記載する業務の報酬（工賃）が減ってしまい、当該企業への特例調整金も減額してしまったという事例があります（第４章　ＧＳユアサからの足柄緑の会への発注事例（130ページ）を参照）。

機械化・自動化を推進した結果、生産性は飛躍的に高まり、実際に在宅就業障害者に支給される工賃もアップしているのに、全く矛盾す

る結果となったというのです。このようなケースにおいては、あくまで実際に支払われた業務の報酬（工賃）をベースとして「発注証明書」を作成して然るべきと考えます。支給工賃テーブルを設けて年初に協定するとか、就業時間のみならず時給自体を引き上げて、実態に適合する形で「発注証明書」を発行し、発注企業にも正当なメリットを還元すべきものと思います。

　障害者であっても福祉施設であっても業務の効率化や合理化は推進すべきであり、それを妨げたり矛盾するような制度・施策運営であってはなりません。

（7）制度の柔軟かつ弾力的な運用

　第2章でも例を挙げて説明しましたが、現在、本制度の適用対象外とされている次のようなケースにおいて、制度の柔軟かつ弾力的な運用を期待したいと思います。

①　業務契約の形態

　発注企業と在宅就業支援団体（福祉施設等）との間で締結する物品製造等に係わる業務契約について、現行制度は委託（請負）契約を想定しており、例えば、売買契約の形態は認められないことになっています。

　一方、企業から仕事を受注するといっても多様な取引条件があり得るわけで、形式的、画一的な運営は本制度の普及・活用を妨げることとなります。売買契約等の場合も制度の活用を認めて然るべきと考えます。

②　福祉施設自主製品

　売買契約が本制度の対象外とされることからも明らかなように、福祉施設等の自主製品（パン、菓子類、食品、農産物、工芸品等）の発

注を受けても、通常の売買によるケースは対象外とされます。発注企業の本業を請け負う場合（例えば、製パン業者の下請けでパンを作る）や、必要業務を請け負う場合（例えば、清掃等の社内環境整備）は制度の対象となりますが、通常の売買の場合は不可とするような取扱いも本制度の発展を阻害するものと考えます。

　請負形態の製造・組立作業や清掃等の役務の提供も、自主製品の販売も障害者の報酬（工賃）を生み、障害者の自立・就労支援に直結します。自主製品の販売促進にも寄与するよう本制度の適用範囲の拡大を図るべきと考えます。

　2015年度に創設された優先発注企業等厚生労働大臣表彰制度は、福祉施策ですが、福祉施設への発注に一定の実績を挙げた企業を大臣が表彰するものです。契約形態（請負契約か売買契約か？）は問われませんし、役務の提供および自主製品の調達も含めて発注金額の合計をもって評価するという大きな視点から運営されています。特段のコストを要しない表彰制度と助成金（特例調整金等）を支給する本制度とを全く同様に論ずるつもりはありませんが、福祉施策と連動させて制度上の整合性を保つことも重要であり参考にすべきものと思います。

③　「賞与」（配分金の追加支給）の取扱い

　本制度は、複数年度に渡るものを対象とせず、原則、単年度内に、注文・発注、契約の締結、物品の製造または役務の提供等および契約額の支払いを行う必要があり、在宅就業障害者への工賃支給も同様とされます。そのため、年度を跨がって支給される「賞与（配分金の追加支給）」は対象外と判断された事例（60ページ参照）がありました。

　毎月の工賃支給は、3月分が翌月の4月に支払われても本制度の対象として認めている一方で、数か月後に配分金の追加として支給される「賞与」が対象外とされることは理解に苦しみます。月例工賃も賞与（配分金）も発注企業からの仕事の提供により実現していることが明確に説明できれば、どちらも発注奨励策の中で評価して然るべきも

のと思います。

④ 原料仕込から納品までの期間

　原料仕込から製造・加工を経て納品に至る時間が長期に及ぶ商品や仕事についても、複数年度に渡るケースは本制度の適用外とされています。冷凍パンや植樹用の苗木の例で説明したとおり、製品や仕事が完成するまでの時間軸をもって否認することは酷であり、非合理と感じます。報酬（工賃）を得られるのは、商品の納品後であり仕事の完了後というのが普通です。複数の在宅就業障害者が、相当期間をかけて手掛けた商品や仕事に従事するケースもあるのです。報酬（工賃）を得られた時点をもって当該年度の支給工賃に集計して「発注証明書」を作成し本制度を適用することが自然であり理に適っていると思います。

第6章　制度の普及・活性化と障害者就労の展望

障害者就労対策の再構築・イノベーション

　本章の結びとして、「在宅就業障害者支援制度」および本制度を発展させた「みなし雇用制度」を活用して、我が国の障害者就労対策を再構築するためのイノベーションについて提言したいと思います。イノベーションとは、一般に「技術革新」と訳されているとおり新しい技術の発明を指すと解されていますが、それだけでなく社会的意義のある物事の「新結合」「新機軸」「新しい活用法」を創造する行為であり、社会的に変化をもたらす幅広い変革を意味します。

　日本の障害者就労対策は、「福祉」または「労働」の二者択一の制度となっています。これは旧厚生省所管の「福祉」と旧労働省所管の「労働」の縦割り行政の反映ともいえますが、「福祉」か「労働」かという二分化した制度が、福祉的就労を「福祉」の世界に閉じ込め、所得対策や「工賃倍増（向上）計画」の推進を難しくしているものと思います。今後、「福祉」と「労働」の二元論から脱して両者の連携を深め融合させて行くために、福祉政策および労働政策の両面からの歩み寄りが必要となります。両分野に跨がる踏み込んだ改革なくして障害者就労対策のイノベーションは考えられません。

●福祉と労働の関係　二分法モデルと対角線モデル

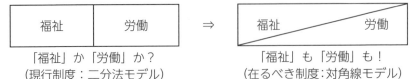

出典：藤井克徳（2008）「職業リハビリテーション」（第22巻1号、日本職業リハビリテーション学会）の掲載図より引用し一部加工

「在宅就業障害者支援制度」は、障害者雇用促進法における労働施策でありながら、福祉的就労にも焦点を当てたハイブリッド型の制度として大きな可能性を有しています。近い将来、発注ベースの場合も、当該発注企業の法定雇用率に加算する「みなし雇用制度」に発展することも考えられ、我が国の福祉的就労を再構築しイノベーションをもたらすことが期待されます。

法定雇用率ありきの量的拡大に偏り過ぎると、官公庁や地方行政における雇用の水増し問題に見られるとおり、大きな歪みをもたらします。不幸な「雇用のミスマッチ」を助長しかねず、多額のコストを投じている職場への定着支援も実効の伴わない結果となります。今こそ、障害者一人ひとりの個性や職業能力を十分に活かせる真の就労対策が求められています。

そのために、取り組むべき課題は多いのですが、特に、本質的に重要と思われる問題点として、①福祉施設で働く障害者の労働者性および、②自立可能な福祉的就労の構築について触れたいと思います。この2つの難しい課題に道筋を示すことができれば、日本の福祉的就労の様相は大きく前進するものと確信します。

そもそも「福祉から雇用へ」というスローガンに象徴される雇用至上主義は、福祉施設（B型事業所における「非雇用型」）での平均月額工賃が1万円台半ばで低迷しており、福祉施設を利用する限り自立は不可能と思われること、また、福祉施設利用者は、「労働者」としての権利を有さず「訓練生」とされるため、労働基準法や最低賃金法といった労働法規の適用対象外に置かれること、それゆえに、自立し労働者の権利を得るためには、直接雇用を目指すべきであるとの前提に基づくものと考えられます。かかる前提を当然のことと黙認するのではなく、福祉施設においても「Decent Work：働き甲斐のある人間らしい仕事」を提供すること、自立を可能とし、また、労働者性を認める基準についても合理的に見直しを図ることが必要と考えます。

筆者（出縄）は、かつて「障害者の福祉的就労の現状と展望〜働く

権利と機会の拡大に向けて～」(松井亮輔・岩田克彦編著、中央法規出版、2011)の執筆メンバーに加わり(「第1章 福祉的就労現場の現状と課題」を担当)、本テーマに関する問題意識と今後の在り方についての私見を披露しました。また、『職業リハビリテーション』(第27巻第1号、日本職業リハビリテーション学会、2013)において「労働者と訓練生　雇用と福祉の問題を再考する」と題する論考を寄稿しました。以下、同書および同学会誌における拙論をレビューしつつ、我が国の障害者就労対策の今後の展開について提起しご参考に供したいと思います。

(1) 福祉施設で働く障害者の労働者性

① 職業能力と賃金(工賃)水準

　障害者の職業能力と賃金(工賃)水準の相関関係を端的にわかりやすく図示すると次のような結果となることが報告されています。

●職業能力と工賃の現状

2 障害者就労対策の再構築・イノベーション

　厚生労働省助成 2008年度障害者保健福祉推進事業「新体系サービスの質の向上を目指した研究開発事業」（事務局：NPO法人福祉ネットこうえん会・職業能力実態調査実行委員会）が、2008年8月に実態調査を実施し、全国の就労系福祉事業者93事業所、1,841名の障害者の職業能力と賃金水準についての回答を分析し、以下のような集約を行っています。
　ⅰ）雇用型での就労者の職業能力評価61.0％、賃金は76,397円に対して非雇用型の利用者の職業能力評価は54.8％、工賃は22,550円。両者の能力評価の乖離は1.11倍なのに、賃金の乖離は3.39倍にも達する。（注1）
　ⅱ）雇用型での就労者の賃金は、「最低賃金×職業能力」で試算される水準を概ね上回るのに対し、非雇用型での就労者の賃金は、「最低賃金×職業能力」で試算される水準を大きく下回る。
　ⅲ）分布状況の特徴は上記の図表に示すとおりである。
　　・雇用型：最低賃金レベル（図における上方横線）での分布が認められる。
　　　　　　また、職業能力と賃金との相関的な分布（図における右肩上がりの分布）が認められる。
　　・非雇用型：職業能力の如何にかかわらず、低水準に張り付いた傾向（図における下方横線）での分布が認められる。
（注1）上記実態調査における賃金（工賃）水準は、全国平均を大きく上回っていますが、アンケートに応じた事業所の多くは、「仕事の確保」や「工賃アップ」に問題意識を有し、熱心かつ積極的に取り組んでいる事業者が多かったためと思われます。

　上記の実態調査から10年以上が経過していますが、「雇用」と「非雇用」との構造的な関係については、基本的に変化はないものと考えられます。上図からも明らかなように、職業能力が同等と評価されている場合でも、就労形態や処遇には次のような差が認められ、雇用型

（一般就労・A型）と非雇用型（B型）には著しい格差が存在しているのです。
- ア）一般企業や特例子会社に雇用され最低賃金が支払われている者
- イ）A型事業所（雇用型）等を利用し、最低賃金が支払われるか、最低賃金の減額特例を受けている者（上図の雇用型における右肩上がりの分布は、主にA型事業所において最低賃金の減額特例を適用している場合である）
- ウ）B型事業所（非雇用型）等を利用し、低賃金を余儀なくされている者

　我が国では、「労働者性」を客観的かつ公平に認定する制度や基準がないため、障害者本人の職業能力や努力を正当かつ合理的に反映した就労機会を得ることが叶わず、同等の職業能力を発揮しながら、幸いにも雇用されている障害者は「労働者」として処遇される一方、非雇用型の福祉施設を利用する者は、一生、訓練生の立場を余儀なくされています。

　前ページの実態調査において、健常者の職業能力（生産性）を100％とした場合に、障害者が発揮している職業能力をアンケート調査しており、その結果、雇用型の職業能力評価61.0％に対して非雇用型は54.8％と乖離は1.11倍に過ぎませんでした。雇用型と非雇用型の賃金格差が3.39倍であったことを鑑みると、極めて不整合な構図となっています。

　特に、非雇用型（B型）を利用する障害者の中には、働く意欲も十分で相当の職業能力を発揮し、「労働者性」を認めて然るべき者が相当割合で存在していることを示唆しているといえます。

②　最低賃金の減額特例における地域間格差

　一般企業や特例子会社の場合は、最低賃金以上が支給されることが通常ですが、就労継続支援A型事業（雇用型）においては、最低賃金

の減額特例が広く適用されています。発揮する職業能力に応じて減額特例を正当に適用することは決して悪いことではなく、合理的と考えます。最低賃金にふさわしい職業能力を発揮していない者が最低賃金を享受することのほうがむしろ非合理であり不公平と言うべきかと思います（障害基礎年金についても、障害程度や職業能力に応じてより合理的に支給される制度設計が必要と思います）。きめ細かい減額特例を合理的に適用して、限られた賃金ファンドをより多くの障害者雇用に振り向けることのほうが理に叶っているのではないでしょうか。

一方、A型（雇用型）における最低賃金の減額特例の最大の問題点は、地域ごとに運用面で大きな差が見られることです。例えば、首都圏では、最低賃金の4割（最低賃金×60％）を超えて減額されることは稀ですが、地方では7割（最低賃金×30％）以上の減額が認められる事例もあるのです。（注2）

最低賃金の減額特例の地域格差が「労働者性」の認定を曖昧かつ不公平なものにしているのです。その結果、非雇用型から雇用型へ移行する基準は一定ではなく、各事業所の収益構造や地域の事情、とりわけ最低賃金の減額特例の運営に依存しているのが実情といえます。

(注2) 例えば、筆者（出縄）が支援している社会福祉法人進和学園のB型事業所「しんわルネッサンス」（神奈川県平塚市／定員80名）では、ホンダから受注している自動車部品組立を中心に、平均月額工賃は、46,448円（2018年度）（A型は、158,483円）を支給。神奈川県は、東京に次いで最低賃金が高く（時給983円）、減額特例もせいぜい30～40％が限度です。B型利用者の中には、職業能力30～50％程度の者の割合が多いと思われ、仮に減額特例を地方と同等の50～70％まで適用可能とすれば、職業能力との関係からも合理的ですし、B型利用者の相当割合がA型（雇用型）に移行し「労働者」としての権利が保全されることとなります。

③ 生活介護事業の日中活動と労働者性

就労系事業所ではなく生活介護事業所利用者による日中作業と「労働者性」との関係についても検討の必要性が高まっています。生活介護事業所の利用には、障害程度区分に基づき一定の条件が適用されますが、障害程度区分における障害が重い利用者や高齢者が必ずしも職

業能力が低いとは限りません。生活介護事業所に所属し、売れ筋のお菓子の生産に携わったり、部品の組立作業や農業に従事したりして一定の工賃を得ているケースも少なくありません。就労系事業所の平均月額工賃を上回るケースさえあります。

　生活介護事業の日中作業において、環境を整えて工賃を支給できることは望ましいことでしょう。然るに、福祉事業者が就労系事業よりも報酬単価が高いことを理由に生活介護事業を選択したり、客観的に見て十分働く能力がある利用者がいるのに、B型の看板を下ろして生活介護事業に移行するケースも散見されます。本人の意思や希望とは裏腹に、職業能力を発揮すべき就労の場を奪うような事態は絶対にあってはなりません。福祉事業者中心ではなく利用者中心の福祉サービスでなければなりません。

（2）「労働者性」に関する具体事例からの問題提起

　「福祉的就労」において「訓練生」として作業に従事している障害者のうち、何割かはほとんど「労働者」と同じような就労実態に置かれています。前掲書（中央法規出版、2011）において、以下の具体例を挙げて説明しましたが、ここでも簡単に記したいと思います。

①　神戸育成会問題が投げかけた波紋

　2007年4月、神戸東労働基準監督署は、社会福祉法人神戸育成会が運営していた作業所（クリーニングと菓子製造販売）の実態を改善指導しました。同作業所での取組みは、「訓練」の範囲を超えた「労働」に当たるため労働法規を適用すべきと判断したのです。

　これを契機に、厚生労働省は、2007年5月17日「授産施設、小規模作業所等において作業に従事する障害者に対する労働基準法第9条の適用について」と題する通知を出しました。新通知では、訓練等の計

画が策定されている場合、一定の条件（注3）を満たせば、「労働者」ではなく「訓練生」であるとしました。

本通知は、福祉的就労における実態を事実上追認したにすぎず、残念ながら「労働者性」の問題を掘り下げるには至りませんでした。

(注3) 新通知では、訓練等の計画が策定されている場合、下記の条件を満たせば「労働者」ではなく「訓練生」としました。
①作業の目的は訓練であることが定款などに明記されている。
②利用者ごとに訓練計画が策定されている。
③障害者または保護者との間で、訓練であることに同意している。
④作業実態が訓練計画に沿っている。
ただし、次の4点の内、1つでも該当すると「労働者」とみなされます。
- 作業時間内であっても、受注量の増加などに応じて、能率を上げるための作業が強制されている。
- 作業時間の延長や、作業日以外の日に作業の指示がある。
- 欠勤・遅刻・早退に対し、工賃の減額制裁がある。
- 割り当てられた作業が、決められた時間内に完成されない場合、工賃の増減や作業割り当ての停止などの制裁がある。

② 武蔵野千川福祉会（チャレンジャー）の工賃アップ取組み

「チャレンジャー」（東京都武蔵野市）は、就労移行支援事業とB型事業を営み、ダイレクト・メールの封入封函、ノベルティー・グッズの箱詰め作業を中心に知的障害者が働いています。働く力を重視し「高い工賃を支払う施設」として位置付け、生産性を上げるための意識改革、就労時間の見直し、納期に間に合わせるための休憩時間の調整や残業等の先進的な取組みが行われています。

③ 豊生ら・ばるか／3交代シフト勤務

社会福祉法人豊生ら・ばるか（愛知県豊橋市）におけるベーカリー部（パン工房）は、B型事業を利用する知的障害者が、①4：30〜13：30 ②8：30〜17：00 ③9：30〜18：00の時間差をもって働いています。

早朝の仕事が当たり前の業種ですが、早朝4：30からの作業を福祉サービス事業の「訓練」とみなすことにはいささか違和感を禁じ得ま

せん。一般のパン工場と全く遜色ない働き振りが実践されていますが、そこで働く障害者には労働者としての権利は認められないのです。

④ 進和学園（しんわルネッサンス）における多機能・混在職場

　社会福祉法人進和学園（神奈川県平塚市）の「しんわルネッサンス」においては、前述のとおり、A型とB型が併設され、知的障害者が能力や希望に応じて役割を分担しつつ、ホンダ車部品の組立作業に従事しています。A型、B型利用者を含めた全員でISO9001認証も取得しています。

　A型（判断力を要する検査・管理業務）とB型（部品組立作業／一人一工程）が、具体的な指示（指揮命令）に従って仕事をし、両方伴ってホンダへの納品が可能となります。A型は労働者だが、B型は訓練生という区分は同じ職場で役割を分担している中で理不尽と感じます。

　また、第4章のケース・スタディーにおいて取り上げた社会福祉法人すずらんの会「ワークショップ・SUN」（B型／神奈川県相模原市）では、利用者の就業規則や工賃規程を施設職員に準じて定め、有給休暇／振替休暇・残業・賞与といった諸項目も含まれており、注目に値すると思います。

　これらの事例は、福祉施設で作業に励む障害者が「訓練生」の域を超えて働き「労働者性」について考えさせられる典型的なケースといえましょうが、上記以外にも多様な事例が認められるはずであり、かかる実態も踏まえて検討を深めるべきと考えます。

　就労移行支援事業は、「雇用」に向け2年という期限を定めて「訓練」を行う事業であるため「訓練生」との位置付けは一応理解できます。一方、B型は、基本的にその施設で継続して働くことを目的とす

る事業です。もちろん、働くための知識や能力を向上させる訓練の意味合いもありますが、主たる目的は「働く場」の提供にあります。実際の就労現場では、明らかに「訓練」とは異なる「働く場」が提供され、「労働者」と遜色がない働き振りが見て取れます。

(3)「労働者性」の基準～モデルケースにおける一考察～

① 職業能力の3分の1以上？

職業能力と処遇の在り方については、本来、下の図のように、雇用型・非雇用型を含めて職業能力と処遇（工賃）が相関的な分布（グラフにおいて右肩上がりの分布）となるべきと考えられます。

●職業能力と工賃の在るべき姿

本来、工賃の多寡や雇用（労働者）と非雇用（訓練生）の区分は、客観的な職業能力評価基準をもって認定されるべきものです。ここでは、かなりラフなアプローチであることを承知の上で、モデルケースを考えてみたいと思います。

第6章　制度の普及・活性化と障害者就労の展望

　欧米先進国においては、一定の支援や保護の下に就労している障害者についても、労働法の適用を原則とする傾向にあります。そして、障害者の就労能力評価システムが多くの国で構築されています。

　例えば、フランスでは、稼得能力を3分の1以上有する者は「労働者」とされます。また、日本の福祉的就労に該当する機関として、ESAT（就労支援機関・サービス）が存在します。ESATで就労する障害者は、「稼得能力の喪失が3分の2以上であるが労働能力を有する者、稼得能力は3分の1以上有しているが、医学的、教育的、社会的、心理学的支援を必要とする者」とされています。（注4）

　労働者と福祉的就労者を区分する基準として、フランスにおける稼得能力3分の1という基準は、大いに参考となる数値であると考えます。

　一方、2007年度より我が国にて実施された「工賃倍増5か年計画」における工賃目標とされたのが、最低賃金の3分の1という水準でした。これは、障害基礎年金と合わせて最低賃金の3分の1の収入が得られれば必要最低限の生活レベルで自立可能となるとの試算によるものです。最低賃金の3分の1以上という目標は、これまで、自立支援費の工賃支給加算の基準としても考慮されてきました。

　そこで、モデルケースとして、稼得能力、すなわち「職業能力の3分の1以上」を「労働者性」を認める基準と定めた場合を想定してみたいと思います。そして、支給工賃目標は、「最低賃金の3分の1以上」としてはどうかと考えます。

　前述のアンケートによれば、「非雇用型」利用者の職業能力評価は、54.8％であり、3分の1以上であれば相当割合の「非雇用型」利用者が労働者として救済されることとなります。これは、福祉的就労現場の実態を概ね反映したものと思われ、雇用型と非雇用型の格差是正にも大きく寄与することとなります。

（注4）前掲書（中央法規出版、2011）第1編海外諸国における障害者就労の現状と労働法適用状況　第3章フランス　P.77～82（永野仁美）

② 非雇用型（B型）における労働法規適用

　雇用型＝労働者（労働施策）、非雇用型＝訓練生（福祉施策）の二元論ではなく、制限的にせよ非雇用型利用者にも労働者としての権利を認める立法措置が望まれます。国連・障害者権利条約第27条：「あらゆる形態の雇用」には、一般就労だけではなく、いわゆる福祉的就労（非雇用型）の一部も含まれると解すべきです。

　例えば、199ページの図表で示したとおり、職業能力3分の1以上を有する者には労働者性を認めて然るべきではないかと考えます。

　「ILO159号条約違反に関する申立書への報告」（2009年3月31日付、国際労働局長）においては、我が国の福祉的就労の現状に対して「条約違反」との明言はありませんが、日本の授産施設（B型事業）への労働法規適用の必要性を示唆し、「授産施設における障害者が行う作業を、妥当な範囲で、労働法の範囲内に収めることは極めて重要であろうと思われる、と結論する」（第75項目）と記されています。「妥当な範囲」についての具体的な記載はありませんが、福祉的就労分野における労働法上の在り方について検討を深めるべきと考えます。

　この難題について、佐藤宏氏（元職業能力開発総合大学校福祉工学科教授）は、現段階では、「現行労働法の全面適用は難しい」とし、以下、2つの方向が考えられるとしています。

- （ⅰ）福祉的就労者の就業の実情にあわせて、それぞれの領域ごとに適用基準の緩和、除外例を設ける。最低賃金の減額特例もその一例である。
- （ⅱ）福祉的就労分野の特性を踏まえた特別法を制定する。

　そして、前者（ⅰ）の場合、「労働法中に「抜け穴」が生じ、法の適用関係が曖昧かつ複雑になりかねず、これまで蓄積されてきた労働者性に関する判例等、労働法上の解釈との整合性が問われることになるため、後者（ⅱ）の福祉的就労の実態に即した「福祉的労働者保護法」（仮称）のような新たな労働保護法を制定することが考えられる」

（注5）と論点を整理しています。

　また、岩田克彦氏（国立社会保障・人口問題研究所特任研究官〜当時〜）は、「労働施策と福祉施策が一体的に展開する体制の整備が重要であり、労働法の適用拡大のためには、長期的賃金補填制度の適用を真剣に検討しつつ、当面は最低賃金の減額特例措置の拡大により、福祉的就労での労働法適用者の拡大を図ることが適切である」としています。さらに、「こうした手段によっても労働法適用が難しい者に対しては、労働法各領域の特殊性に配慮した「福祉労働法」的な法律制定による労働法の部分適用が必要である」（注6）と述べています。

（注5）前掲書（中央法規出版、2011）第2編第4章　福祉的就労の多様な実態に応じた労働保護法上の課題　P.249〜272（佐藤宏）
（注6）前掲書（中央法規出版、2011）第2編第6章　障害者就労で福祉政策と労働政策の一体的展開をいかに実現するか　P.303〜326（岩田克彦）

③　職業能力評価基準の確立〜最低賃金の減額特例制度の活用〜

　労働者性を客観的かつ公平に認定する職業能力評価基準としては、特別法の制定や新たな制度の導入も考えられますが、早期実現が可能な現実的な方法として、現行制度をベースとして活用することが挙げられます。それは、前述の佐藤宏、岩田克彦の両氏の指摘にもあるとおり、「最低賃金の減額特例」制度を、より客観性・公平性を担保して実施する方法です。

　2008年7月施行の改正最低賃金法第7条では、障害により著しく労働能力が低い者については、所轄の労働基準監督署長を経由して都道府県労働局長に提出、許可を得ることによって減額特例が認められます。改正前には、「最低賃金適用除外」とされていましたが、改正法では「減額が可能であれば、適用除外とするよりも最低賃金を適用した方が労働者保護に資する」という考え方に変わったわけです。この法改正では想定されていませんが、減額措置による最低賃金が福祉的

就労者にも適用できれば、それに伴って施設利用者も労働者性を認められ、労働法の保護が受けられることになります。(注7)

一方、最低賃金の減額特例の運用における最大の課題は、減額幅の著しい地域間格差であることは先に述べたとおりです。減額特例が大幅に認められる県では、雇用型（A型）の設立が比較的容易に促され、そこで働く障害者は労働者としての権利が保障されます。しかし、減額特例の幅が小さい地域（主に首都圏）では、相当高い平均工賃を実現しても雇用型（A型）への移行は困難であり、非雇用型（B型）に止まらざるを得ず、当該事業所の利用者は労働者としての権利を保障されることはありません。

上記（2）で事例紹介として挙げた「チャレンジャー」（東京都武蔵野市）、豊生ら・ばるか（愛知県豊橋市）、進和学園（神奈川県平塚市）、すずらんの会（神奈川県相模原市）のB型事業は、最低賃金の減額特例が大幅に認められる他の県であればA型に移行できる工賃水準を実現しています。

最低賃金の減額特例によって拡充される障害者雇用の器は、一般企業や特例子会社による雇用ではなく、主にA型事業による雇用を想定しています。A型事業は、障害者総合支援法という福祉法制の中で労働者性の保全を意図したものであり、労働法上の解釈や整合性という観点からも特段の支障はないものと考えます。

同程度の能力を発揮し、たとえ工賃水準に遜色がなくても、最低賃金の減額特例が認められない限り、労働者ではなく訓練生とされる矛盾と不公平を解消せねばなりません。

今後、最低賃金の減額特例を活用して「労働者性」の認定を行うのであれば、地域格差を是正し客観的で公平な制度運用が必須となります。現在でも、結果として最低賃金の減額特例の運用の如何により労働者と訓練生が振り分けられているわけですが、顕著な地域格差を見直す中で、この制度を活用することは十分検討に値すると思います。福祉的就労者への労働法の適用範囲を拡大する当面の方策として現実

的なアプローチと考えます。

(注7) 第2回労働・雇用分野における障害者権利条約の対応の在り方に関する研究会（2008年5月20日）に厚生労働省から提出された参考資料2（2008）「最低賃金の適用除外制度から減額措置制度への移行について」前掲書（中央法規出版、2011）第2編第7章 国際的動向からみる今後の課題と方向 P.332（松井亮輔）

④ モデルケースによる効果と影響

「職業能力の3分の1以上」を「労働者性」の認定基準とし、最低賃金の減額特例制度を活用した場合の効果と影響については精査する必要があります。少なくとも次のようなことが想定されると思われます。

（ⅰ）B型事業利用者の相当割合が、「労働者」と認定されると見込まれます。

（ⅱ）B型事業者ですでに「最低賃金の3分の1以上」の工賃支給を実現している事業者は、容易にA型事業に移行するでしょう（A型とB型の自立支援費には差がないので移行自体の妨げにはならないはずです）。A型に移行すれば、事業者は障害者雇用納付金制度に基づく報奨金（または調整金）を受給することができます。

（ⅲ）B型事業者で工賃水準の低い事業者は、最低賃金の減額特例の水準まで工賃水準を引き上げる努力が求められます。A型に移行することで支給される報奨金（または調整金）の一部を工賃に充当して工賃水準を満たすケースも考えられます。また、工賃アップには、相当の時間と手当てが必要となるので、一定の移行期間を設ける検討も求められるでしょう。

（ⅳ）上記の過程を通じて、B型事業者は、A型および多機能型への移行を目指すこととなります。「労働者」と認定された障害者は、職業能力に見合った処遇が可能な事業者を選別するでしょう。これに伴い、福祉事業者間の「競争」が促進される

こととなります。福祉事業者間に競争原理を働かせることは、福祉サービスの向上につながるので歓迎すべきと考えますが、保守的な事業者が抵抗することも予想されます。

(ⅴ) 企業が営むA型事業（最近、新設されているA型のほとんどは企業が参入しているものです）については、自由競争の立場から福祉事業者と同等の運営を認めて然るべきと考えますが、一定の規制（例えば、職業能力評価により振り分ける等）を設けるべきといった意見も予想されます。

(ⅵ) A型事業が急増し労働者と認定される障害者が増えることにより、障害者雇用納付金制度における報奨金（または調整金）の財源の確保が課題となることも考えられます。障害者法定雇用率の全体的な運営の中で検討して行く必要があります。

(ⅶ)「最低賃金の3分の1」という基準を一挙に認めるのではなく、ある程度段階的に実施していくという案も出てくると思われます。（注8）

(ⅷ) 福祉的就労者における「労働者性」の拡大は、当然のことながら、所得補償全般の見直しにつながることとなります。障害基礎年金の抜本的な見直しと調整は、必須課題となるでしょう。

(注8) 松井亮輔氏は、減額特例で許容される額を全国最低賃金（加重平均737円）の50％（職業能力が半分）とすると、時間当たり工賃は368.5円となり、仮に1日6時間、月20時間就労すると月間工賃は44,220円となり、現行水準の約3.5倍に相当すると試算しています。この額であれば、障害基礎年金及び特別障害者手当等と合わせ、何とか地域での生活を賄うことが出来ると思われると述べています。前掲書（中央法規出版、2011）第2編第7章 国際的動向からみる今後の課題と方向 P.333（松井亮輔）

（４）「みなし雇用制度」による福祉的就労の底上げ〜最低賃金の３分の１以上を目指して〜

　前述のモデルケースのように、「労働者性」が担保される範囲を拡げて、Ａ型事業所で働く障害者が増えても、工賃自体が妥当な水準に満たなければ障害者の自立は達成できません。「福祉的就労」における当面の対策としては、「雇用」への移行に基軸を置きつつも「雇用」一辺倒ではなく、全体のバランスを考慮することが必要であり、コストを「良質な仕事」の発注という形で官公需や民間企業より還元する制度の導入・拡充が合理的かつ有効と考えます。

　障害者優先調達推進法（2013年４月施行）による官公需の優先発注に加えて、やはり重要となるのは民需の取込みです。特に、大幅な工賃アップを目指すために最も必要かつ有効と思われるのは、企業に対する発注奨励策、とりわけ「みなし雇用制度」の導入です。現在、福祉施設（障害者）に仕事を発注した企業に対する奨励制度としては、本書で取り上げた障害者雇用促進法における「在宅就業障害者支援制度」があります。

　本制度については、繰り返し説明を加えたとおり、自宅や福祉施設において就業する障害者に仕事を発注する企業に対して、障害者雇用納付金制度から、助成金（特例調整金・特例報奨金）が支給される制度です。直接雇用ではなく仕事を発注した場合においても、当該発注企業に対して経済的なインセンティブと社会的評価を付与した意義は大きいといえます。本制度を発展させ、助成金支給とあわせ一定係数（例えば、工賃支給額を最低賃金で除して得られる数値）において当該発注企業の法定雇用率に加算計上するのが「みなし雇用制度」です。

　現在、障害者法定雇用率に関して企業の選択肢としては、大きく①直接雇用による雇用率の充足、または②障害者雇用納付金（ペナルティー）の支払いの２つがありますが、これに新たに③障害者への発

注を加えようというものです。

　フランスでは、法定雇用率は6.0％とされ、直接雇用ではなく仕事の発注形態による義務履行が50％（3.0％）まで認められています。今後、我が国の法定雇用率（現行2.2％）はテンポを速めての引上げが想定されますが、その過程でフランスのように直接雇用に加えて発注枠を設けることにより、良質な仕事を福祉施設にもたらし工賃アップにつなげていくことを期待したいと思います。

　これらの施策とあわせて「労働者性」を正当に位置付けることにより、福祉と労働の連携および融合を大きく前進させ、障害者にとって多様な就労機会を提供し、働き甲斐のある人間らしい仕事（ディーセントワーク：Decent Work）を創出することが肝要と考えます。

　以上の論点を踏まえ、今後目指すべき「障害者の就労形態モデル概念図」を示すと次のとおりとなります。

第6章 制度の普及・活性化と障害者就労の展望

●障害者の就労形態モデル 概念図

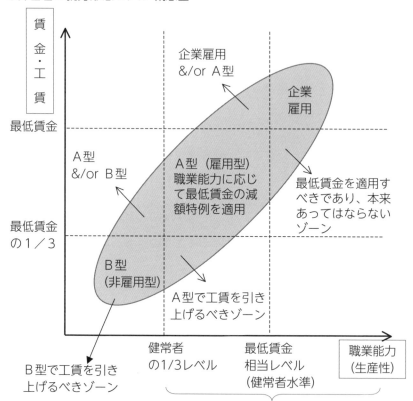

※ 本概念図は、企業での直接雇用およびA型（雇用型）ならびにB型（非雇用型）事業について、障害者の職業能力（生産性）と賃金（工賃）の相関関係をモデルとして示したものです。
フランス他の例を参考に、職業能力が健常者の1／3以上について「労働者」として認めて然るべきとの見解および「最低賃金の減額特例」を公平かつ合理的に適用することにより、A型事業を拡充すべきこと、またA型およびB型については、発注奨励策＆「みなし雇用制度」導入により工賃水準を引き上げ、B型も障害基礎年金と合わせ自立可能と言われる最低賃金の1／3以上を目指すべきことを示しています。（参考：『職業リハビリテーション』第27巻第1号（2013）「労働者と訓練生　雇用と福祉の問題を再考する」出縄貴史）

(5) まとめ

　本章は、福祉的就労分野、すなわちB型（非雇用型）利用者の中にも、相当割合で「労働者」と遜色ない働き振りを示している者がおり、労働法の適用拡大を図るべきことや客観的かつ公平な職業能力評価基準により認定すべきことを述べました。

　モデルケースとして、最低賃金の減額特例制度を合理的に活用して、労働者性を認める評価基準を「職業能力の3分の1以上」とする案を提示しました。

　また、工賃水準の引上げについては、特に企業への発注奨励策として「みなし雇用制度」の導入による民需の取込みが有効であることを強調したいと思います。

　本書の結びとして、中島隆信氏（慶應義塾大学商学部教授）による特別寄稿「『みなし雇用制度』の導入提言」が掲載されていますが、合理的で説得力に満ち極めて示唆に富んだ内容と考えます。

　働く意思と能力がありながら、一生を「訓練生」として過ごし「労働者」として認められず、「雇用」と「福祉」の格差の中で多くの障害者が貧困状態から抜け出せない現状を看過することはできません。国連・障害者権利条約の趣旨を尊重し、ILOの見解にも応えて行かねばなりません。人権保全の観点からも「労働者性」の問題に真摯に向き合うとともに、本書で取り上げた「在宅就業障害者支援制度」が、今後、本格的な「みなし雇用制度」に発展して福祉的就労の底上げにつながり、我が国の障害者就労対策を再構築しイノベーションをもたらすことを祈ってやみません。

特別寄稿 「みなし雇用制度」の導入提言

慶應義塾大学商学部教授　中島隆信

　障害者雇用促進法の制定からおよそ60年が経過した現在、障害者雇用政策は重大な転換点を迎えている。

　1976年に身体障害者の雇用が義務化されたとき、民間企業に課せられた障害者雇用率は1.5％だった。そのころの障害者雇用は中小企業が中心で、法定雇用率未達成の大企業が納めた納付金を中小企業に回すという構図だった。

　この図式に大きな変化が訪れたのは「特例子会社」と「グループ適用」の導入である。これは、企業グループに属する子会社が障害者を雇用した場合、グループ内すべての企業の障害者雇用としてカウントできるというものである。実際、大企業にとって最大のネックは、障害者を既存の人事システムに乗せることである。その点、子会社であれば独自の採用／昇給方法を採用した上で、親会社内に散在する単純作業を切り出して子会社に集約（仕事切出し型）したり、外注していた業務の子会社への振替（内部取込み型）を行ったりすれば、まとまった数の障害者雇用が可能になる。この効果はてきめんで、特例子会社は2002年からの15年間で119社から464社へと4倍近く増え、実雇用者数も5,376人から29,769人になった。

　一方、障害者福祉の領域ではかねてより福祉的就労での工賃の低さが問題視されていた。そのため、厚生労働省は2006年から就労継続支援B型施設を対象として「工賃倍増5カ年計画」を実施するとともに、就労継続支援A型施設を増やす目的で営利企業によるA型事業への参入を奨励した。その結果、B型の工賃は2006～2011年で1割にも満たない伸び率しか達成できなかったものの、A型は2010年からの6年で約5倍に増え

た。中でも営利法人が運営するＡ型の数は10倍を超え、まさに厚生労働省の目論見どおりとなった。

● Ａ型事業所数の推移

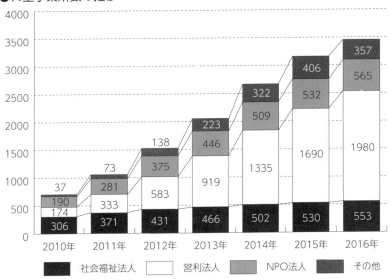

出典：厚生労働省「障害者の就労支援施策の動向について」

しかし、企業による障害者雇用促進、Ｂ型の工賃倍増、Ａ型への参入奨励という３つの政策は、全体最適の視点からは疑問符がつくと言わざるを得ない。なぜなら、これら３つを同時に達成しようとすれば、障害者全体の生産性を向上させるような画期的な技術進歩や業務改善が起きないかぎり生産性の高い障害者をめぐりＢ型、Ａ型そして企業による争奪戦が繰り広げられることになるからである。

実際、近年になって障害者就労の現場で、健全さに欠ける事例が散見されるようになってきている。その一つはＡ型事業所の閉鎖に伴う障害者の大量解雇である。その背景には補助金を当て込んだ濡れ手で粟の「障害者ビジネス」の蔓延があったとされる。

例えば、Ａ型事業所が障害者20人と１日４時間労働で月20日間通所の雇用契約を結んだとすると、行政から事業所への給付金は236万円、障害者に支払う給与は136万円となる。既にこの時点で100万円の「儲け」が発生しているが、新たに事業所を開設した場合は障害者一人あたり３年間で最高240万円の特定求職者雇用開発助成金も受け取れる。いわゆる「性善説」が通用しない営利法人にとってこれほどおいしい話はない。2017年４月に厚生労働省が給付費の給与充当を禁止する通達を出したことから経営が続けられなくなり、事業所の閉鎖と大量解雇が全国各地で発生した。つまり、Ａ型の急激な増加は、厚生労働省の安易な政策がもたらした実体のない「バブル」だったのである。

　一方、企業の障害者雇用においても雇用率の達成ありきによる歪みが生じ始めている。その一つは特別支援学校新卒者の青田買いともいえる現象だ。東京都教育庁が肝入りで創設した職能開発科と就業技術科は、入学試験で選抜した軽度の知的障害者に専ら職業訓練を施す公的な教育機関とは名ばかりの就職予備校となっている。企業にとっては単純作業の「即戦力」であり、新卒者の就労率は毎年９割を超える。もう一つは法定雇用率を達成できない企業向けに雇用を肩代わりするビジネスの登場である。

　東京に本社があるエスプールプラスは、千葉県のハウス農園を企業に有料で貸し出し、企業が雇用した障害者に農作業をさせている。収穫した物は福利厚生として社員に配布されるなどしており、農作業自体が収益を生み出しているわけではない。

　これらの現象の背後にあるのは、「仕事切出し型」や「内部取込み型」による障害者雇用の限界である。どちらのモデルにせよ、そこで障害者が行う仕事は、本業の周辺にある間接業務に過ぎず、効率的経営の観点からはなるべく省力化したほうが望ましい。しかし、雇用率達成を優先させたい企業は、効率性に目をつぶって障害者向けの単純作業を維持しようと努め、それができなければ雇用を肩代わりしてくれる企業に頼らざるを得ない。

障害者雇用のあるべき姿は、企業が障害者を本業の戦力として活用していくことである。そのためには、障害者の「できること」に目を向けた適材適所の人事が必須といえる。そして、これは障害者に限らずすべての働く人にとって勤労意欲と生産性向上を両立させる真の意味での「働き方改革」になる。しかし、こうした働き方の見直しを実現するには時間を要する。また、経営上の余裕がなく仕事内容が限定される中小企業にとって、こうした改革を伴う障害者雇用のハードルは高い。

　これまで述べてきたさまざまな問題を一気に解決する画期的な手法がいわゆる「みなし雇用」の導入である。これは企業と福祉が連携することによって、障害者の戦力化を容易に実現できる雇用形態である。仕組み自体はきわめて簡単で、企業が業務の一部をＡ型事業所に発注した場合、その業務量に応じて企業の障害者雇用としてカウントできるようにするというものである。

● 「みなし雇用」のしくみ

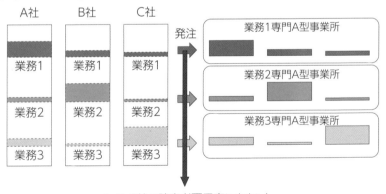

「みなし雇用」の利点は以下の5つにまとめられる。

第1の利点は、雇用と福祉の切分けである。A型を安定的に運営するには一定規模の仕事量の確保が必須だが、福祉職員は必ずしもビジネスに精通しているわけではない。他方、障害者の扱いに不慣れな企業は、障害を持つ社員にどのようなサポートをしてよいかわからない。「みなし雇用」では、障害者へのサポートは施設が行い、仕事量の確保と仕事上の指導は企業が行うため両者の優位性を活かすことができる。とりわけ、体調に波がある精神障害者の場合、福祉施設のバックアップが受けられるため企業も安心して業務を発注することができる。

第2の利点は、障害者の仕事の本業化である。すでに見たように、単純作業を中心とした間接業務の拡大は企業の効率的経営にはつながらない。しかし、「みなし雇用」では、障害者の生産性向上は他企業からの受注を可能にするので、障害者雇用を減らすことなくA型の収入を増加させる。さらに、企業にとっては間接業務に過ぎなくてもA型にとっては本業であるため、そこでの生産性向上は障害者のキャリア形成につながる。

第3の利点は、A型の経営改善である。A型事業所にとって、障害者への給与支払いを保証するまとまった仕事量の確保は相当な負担である。また仕事量が少ないと、障害者給与が税金で賄われる自立支援給付金を下回り、納税者への説明責任も生じる。「みなし雇用」で仕事量が増加すれば給与額も増えるので、問題の解決につながるだろう。

第4の利点は、市場メカニズムの活用である。現行の特例子会社による障害者雇用では、常に親会社からの受注に頼っているため、生産性を向上させるインセンティブが働きにくい。「みなし雇用」であれば、生産性の高いA型は企業から歓迎されるので、より多くの注文を受けることができる。そして、施設間での受注競争によりA型の体質改善も期待できる。

第5の利点は、企業の生産性向上である。「内部取込み型」は、外注していた業務をわざわざ企業グループに戻しているので効率的な経営に反する。「みなし雇用」を活用すれば、A型への発注に切り換えるだけなので、

雇用率を下げることなく経営上の効率性を高めることができる。そして、企業は本業での障害者雇用により注力すればよいだろう。

　以上、「みなし雇用」の利点を述べてきたが、一方で懸念材料もある。それは企業の障害者雇用に対する意識の後退である。企業が障害者を雇用することは、単なる障害者に対する生産活動の場の提供だけでなく、障害者との共生社会の実現に資する社会的責任（CSR）の意味も持つ。また、障害者の能力を本業で活用するための「働き方改革」を回避したい企業は「みなし雇用」を逃げ道として使うかもしれない。

　そうした懸念への対応策としては、法定雇用率の２段階運用が適当と考えられる。例えば、将来的に法定雇用率を５％程度まで引き上げるのが望ましいということになった場合、2.5％は直接雇用で充当するよう義務付け、残りについては「みなし雇用」でも可とすればよい。また、障害者のためのまとまった仕事量を確保しづらい中小企業はすべて「みなし雇用」でもよしとすればよいだろう。

　実際、法定雇用率６％のフランスでは、直接雇用のみを実施している事業所は全体の３割程度に過ぎず、雇用率の半分までは障害者施設への業務発注を障害者雇用に充当させてよいことになっている。また、法定雇用率のないスウェーデンには比較的重度の障害者を２万人雇用するサムハルという国営企業があり、人件費の９割以下の補助金を受けつつ、VOLVOやIKEAといった企業から部品組立て、清掃、クリーニングなどの作業を請け負うことで経営を成り立たせている。

　以上のように、企業による障害者雇用促進、Ｂ型の工賃倍増、Ａ型への参入奨励を同時に短期間で実現させることは全体最適の観点から弊害が大きすぎる。近年の障害種別の内訳を見ても、精神／発達障害を持つ人が増え、各人の個性を活かした配慮が求められるようになってきている。こうした状況下での望ましい政策は、将来的な「働き方改革」の実現を見据えた上で、福祉と企業の連携による障害者の多様な雇用形態を取り入れていくことだ。そのために「みなし雇用」が大きな貢献をすることは間違いない。

巻末資料

1　障害者雇用・就労および在宅就業支援関連年表

	在宅就業支援関連の動き	国内の障害者雇用・就労に関する動き	国際的な障害福祉関連の動き（主に雇用・就労）
1970年代以前	・（株）研進 設立 福祉施設「進和学園」の営業窓口会社として本田技研工業からの業務を受託（'74） ・（福）東京コロニーが情報処理事業を開始（'75）	・「身体障害者雇用促進法」制定。民間企業における法定雇用は努力義務とされた（'60） ・「身体障害者雇用促進法」改正。民間企業も雇用義務化、納付金制度、ダブルカウント制度、雇用計画策定義務、身体障害者雇用促進協会の創設等（'76）	・国際労働機関（ILO）第99号勧告「身体障害者の職業リハビリテーションに関する勧告」採択（'55） ・ILO「心身障害者の職業更生及び社会復帰に関する決議」採択（'75） ・国連「障害者の権利宣言」採択（'75）
1980年代～	・コンピュータ・プログラマーの養成および在宅就労システムに関する研究事業（東京コロニー、'84） ・「東京都重度身体障	・労働省「障害者雇用対策室」設置（'83） ・「身体障害者雇用促進法」改正。「障害者の雇用の促進等に関する法律」（「障害者雇用促進法」）に名称変更。特例	・国際障害者年（'81）（メインテーマは、「完全参加と平等」） ・国連・障害者の十年（'83～92） ・ILO「職業リハビリテーション及び雇用（障害者）に関する条約」（第159号条約）および同勧告（第168号勧告）採択（'83）（日本は、1992年に同条約批准）

1 障害者雇用・就労および住宅就業支援関連年表

	害者パソコン講習事業」('89)	子会社の制度化('87)	
1990年〜	• プロップ・ステーション（現：(福)プロップ・ステーション）設立('91)。翌年、チャレンジドの在宅就労に向けたコンピュータ・セミナーを開始	•「障害者雇用促進法」改正。職域開発援助事業の制度化('92)	• アメリカ「ADA（障害をもつアメリカ人法）公布('90)
		•「障害者雇用促進法」改正。知的障害者を含めた雇用率の算出。民間企業の法定雇用率を1.6%から1.8%に改正。特例子会社の認定要件の緩和('97)	• 英国「障害者差別禁止法」制定('95)
	• 労働省「障害者に対する在宅就労支援事業」('98) • 労働省「重度障害者の在宅雇用・就労支援システムに関する研究調査」('99)		• 国連アジア太平洋経済社会委員会(ESCAP)・アジア・太平洋障害者の十年('93〜'02)
2000年〜		• 介護保険制度開始('00) •「障害者雇用促進法」改正。除外率の廃止('04) • 障害者基本法の一部改正（差別禁止規定等記載）('04)	• 国連「ミレニアム開発目標（MDGs）採択('00) • 第2次アジア・太平洋障害者の十年('03〜'12)
	• 厚生労働省「障害者の在宅就業に関する研究会」報告書にて、発注奨励、特例調整金制度、みなし雇用などの考え方が盛り込まれる('04)。みなし雇用は見送りと		

219

2000年〜	・なる ・重度障害者在宅就労促進特別事業（バーチャル工房支援事業）（'05） ・在宅就業障害者支援制度創設、初年度15団体が登録（'06） ・就労支援事業所における利用者も条件付きで在宅就業障害者の対象となることを明確化（'07）	・「障害者雇用促進法」改正。精神障害者を含めた雇用率の算出（'05） ・障害者自立支援法施行、就労支援事業所の体系移行（'06） ・「障害者雇用促進法」改正。在宅就業障害者支援制度に関する規定が盛り込まれる（'06） ・「障害者雇用促進法」改正。短時間就労者を雇用率にカウント等（'08）	・国連「障害者権利条約」採択（'06）。日本は翌年署名 ・国連「障害者権利条約」（20か国の批准に伴い）発効（'08）
2010年〜	・就労継続支援事業所（A型・B型）における在宅就労（利用）が条件付きで可能となる（'12）翌年、東京コロニーが導入 ・在宅就業障害者特例調整金・特例報奨金の算定見直し。発注額の最少ラインが105万円→35万円に（'15） ・就労移行支援事業所における在宅就労（利用）が条件付きで可能となる（'15）	・障害者総合支援法施行（障害者自立支援法廃止）（'13） ・「障害者雇用促進法」改正。民間企業等の法定雇用率を1.8→2.0％に（'13） ・障害者差別解消法制定（'13） ・「障害者雇用促進法」改正。障害者差別禁止および合理的配慮提供の義務化。精神障害者を含む、雇用率の算出（'16） ・「障害者雇用促進法」改正。精神障害者の雇用義務化実施に伴い、民間企業等の法定雇用率を	・第3次アジア・太平洋障害者の十年（'13〜'22） ・日本が「障害者権利条約」批准（'14） ・国連「持続可能な開発目標（SDGs）の採択（'15）

2010年〜	・「障がいのある方の全国テレワーク推進ネットワーク（全障テレネット）」発足（'17） ・在宅就業支援団体、全国で22に（'19）	2.0→2.2％に（'18） ・今後の障害者雇用促進制度の在り方に関する研究会（厚労省）による報告書（'18） ・「障害者雇用促進法」改正（予定）特定短時間労働者の雇用促進・継続を図るための特例給付金、基準に適合する事業主の認定などを創設（'20予定）	

2 障害者総合支援法における就労系障害福祉サービス

	就労移行支援事業	就労継続支援A型事業	就労継続支援B型事業
事業概要	就労を希望する65歳未満の障害者で、通常の事業所に雇用されることが可能と見込まれる者に対して、①生産活動、職場体験等の活動の機会の提供その他の就労に必要な知識及び能力の向上のために必要な訓練、②求職活動に関する支援、③その適性に応じた職場の開拓、④就職後における職場への定着のために必要な相談等の支援を行う。 (利用期間：2年) ※市町村審査会の個別審査を経て、必要性が認められた場合に限り、最大1年間の更新可能	通常の事業所に雇用されることが困難であり、雇用契約に基づく就労が可能である者に対して、雇用契約の締結等による就労の機会の提供及び生産活動の機会の提供その他の就労に必要な知識及び能力の向上のために必要な訓練等の支援を行う。 (利用期間：制限なし)	通常の事業所に雇用されることが困難であり、雇用契約に基づく就労が困難である者に対して、就労の機会の提供及び生産活動の機会の提供その他の就労に必要な知識及び能力の向上のために必要な訓練その他の必要な支援を行う。 (利用期間：制限なし)
対象者	① 企業等への就労を希望する者	① 就労移行支援事業を利用したが、企業等の雇用に結びつかなかった者 ② 特別支援学校を卒業して就職活動を行ったが、企業等の雇用に結びつかなかった者 ③ 企業等を離職した者等就労経験のある者で、現に雇用関係の状態にない者	① 就労経験がある者であって、年齢や体力の面で一般企業に雇用されることが困難となった者 ② 50歳に達している者又は障害基礎年金1級受給者 ③ ①及び②に該当しない者で、就労移行支援事業者等によるアセスメントにより、就労面に係る課題等の把握が行われている者

報酬単価	711単位 (平成27年4月～) ※利用定員が21人以上40人以下の場合	519単位 (平成27年4月～) ※利用定員が21人以上40人以下の場合	519単位 (平成27年4月～) ※利用定員が21人以上40人以下の場合
事業所数	3,289事業所 (国保連データ平成29年5月)	3,681事業所 (国保連データ平成29年5月)	10,933事業所 (国保連データ平成29年5月)
利用者数	33,010人 (国保連データ平成29年5月)	67,830人 (国保連データ平成29年5月)	229,275人 (国保連データ平成29年5月)

出典：総務省資料

3　在宅就業支援団体（厚生労働大臣登録）

　発注元の事業主と在宅就業障害者との間に立って、様々な支援を行う団体として、厚生労働大臣に申請し、登録を受けている団体のことをいいます。企業が在宅就業支援団体を介して在宅就業障害者へ発注する場合、障害者雇用納付金制度に基づく特例調整金・特例報酬金の支給対象となります。

地域	在宅就業支援団体	在宅就業障害者の実施業務
北海道	NPO法人　札幌チャレンジド 〒060-0807 北海道札幌市北区北7条西6-1　北苑ビル2F tel：011-769-0843 fax：011-769-0842	字幕制作 インターネット質問整理 ホームページ制作・更新 ホームページ検証 テープ起こし データ入力業務 パソコン講習（講師）業務
	NPO法人　PCNET 〒060-0051 北海道札幌市中央区南1条東2-3-2　マツヒロビル4階 tel：011-209-3881 fax：011-209-3882	テープ起こし データ入力 ホームページ業務 印刷物業務 OA機器解体事業 パソコン修理 中古パソコン販売作業
関東	社会福祉法人　埼玉福祉事業協会 〒331-0060 埼玉県さいたま市西区塚本町1-94-1	花木レンタル パン製造販売 レンタルおしぼり

地域	在宅就業支援団体	在宅就業障害者の実施業務
	tel：048-625-5100 fax：048-625-5011	
	NPO法人　トライアングル西千葉 〒263-0043 千葉県千葉市稲毛区小仲台2-6-1 京成稲毛ビル205 tel：043-206-7101 fax：043-207-7153	あん摩マッサージ指圧・針・灸 会議、講演等を録音したテープのテープリライト
	社会福祉法人　東京コロニー 〒165-0023 東京都中野区江原町2-6-7 tel：03-3952-6166 fax：03-3952-6644	Webコンテンツの企画、制作（デザイン、HTML、CGI等）及び運営 データベース設計、プログラム開発、サーバ保守、DTP、イラストレーション、文章執筆、編集、リサーチ、データ入力等
	社会福祉法人　武蔵野千川福祉会 〒180-0023 東京都武蔵野市境南町4-20-5 tel：0422-30-0022 fax：0422-30-3011	印刷作業 梱包、包装作業 メール便発送業務、宅急便発送業務 清掃業務
	株式会社　ディーソル 〒103-0013 東京都中央区日本橋人形町1-8-4 東商共同ビル tel：03-3668-4361 fax：03-3668-1420	データ入力
	株式会社　研進 〒259-1204 神奈川県平塚市上吉沢1520-1 tel：0463-58-5267 fax：0463-58-2675	二輪車・四輪車・汎用機・その他機械関係部品の組立加工 食料品（パン・クッキー等）の生産 園芸品（植栽用苗を含む）の生産 衣料品・日用雑貨（陶芸品を含む）の生産

3　在宅就業支援団体（厚生労働大臣登録）

	社会福祉法人　進和学園 〒254-0913 神奈川県平塚市万田475番地 tel：0463-32-5325 fax：0463-35-7642	封入・梱包・部品組み立て パン・クッキー等の食料品生産 園芸品及び農産物の生産 衣料品・日用雑貨 クリーニング 清掃業務
	社会福祉法人　小田原支援センター 〒250-0003 神奈川県小田原市東町4丁目11番地2号 tel：0465-30-1560 fax：0465-30-1771	食料品（パン、クッキー等）の生産 ボールペン組み立て バリ取り 自動車部品組み立て
	社会福祉法人　すずらんの会 〒252-0328 神奈川県相模原市南区麻溝台7-1-7 tel：042-749-8881 fax：042-749-8808	工業用製品の検査・梱包・組立作業 日用雑貨（デコパージュ）の生産作業 病院の清掃作業 原料入れ作業、庫内における商品補充作業
	社会福祉法人　足柄緑の会 〒250-0123 神奈川県南足柄市中沼832 tel：0465-72-0880 fax：0465-72-0900	プラスチック成形品の検査・梱包・組立作業 食料品（生麺・農産物加工品）の生産 農産物の生産 飲食店事業 メール便の仕分け・配達 清掃業務
	NPO法人　バーチャル工房やまなし 〒400-0335 山梨県南アルプス市加賀美2630-6 tel：055-242-2677 fax：055-242-2678	ホームページ作成・保守更新業務 ウェブアクセシビリティ検証業務 名刺・挨拶状・各種カード作成業務 チラシ・パンフレット・ポスター作成業務 データ化業務 テープ起こし業務
東海	NPO法人　バーチャルメディア工房ぎふ	電算入力・記録作成 各種印刷物の製作

地域	在宅就業支援団体	在宅就業障害者の実施業務
	〒503-0006 岐阜県大垣市加賀野4-1-7　ソフトピアジャパンセンター7F tel：0584-77-0533 fax：0584-77-0533	ソフトウェア開発 ネットワーク構築等 ホームページ製作・Webサイトの構築 人材育成研修
	NPO法人　電気仕掛けの仕事人 〒444-0834 愛知県岡崎市柱町字福部池1-200 &ASSOCIATES102 tel：0564-54-5331	DTP　執筆、画像処理、イラスト制作、文書校正 Web制作　デザイン、コーティング、画像処理 情報処理　プログラミング、データベース構築
	株式会社　仙拓 〒477-0032 愛知県東海市加木屋町愛敬123-2	パソコンを使用したデータ入力、テープ起こしなどの事務業務 ウェブサイト制作、名刺・印刷物のデザインなどの制作・デザイン業務 物品の製造、加工、検査などの軽作業
	社会福祉法人　維雅幸育会 〒518-0835 三重県伊賀市緑ヶ丘南町3948-16 tel：0595-22-8600 fax：0595-22-8585	ヘア化粧品の加工 医薬部外品のリサイクル パレット洗浄 清掃作業
近畿	社会福祉法人　大阪市障害者福祉・スポーツ協会・大阪市職業リハビリテーションセンター 〒547-0026 大阪府大阪市平野区喜連西6-2-55 tel：06-6704-7201 fax：06-6704-7274	システム開発業務 Webサイト制作業務 DTP業務 データ入力、集計、管理業務 CD-ROMコンテンツ制作業務
	社会福祉法人　ヒューマンライツ福祉協会 〒557-0061 大阪府大阪市西成区北津守3-6-4 総合就労支援福祉施設にしなりWing内	クリーニング業務 データ入力、名刺作成業務 軽作業業務

3　在宅就業支援団体（厚生労働大臣登録）

	tel：06-4392-8700 fax：06-4392-8710	
九州	NPO法人　在宅就労支援事業団 〒861-8019 熊本県熊本市東区下南部1-1-72 tel：096-213-0701 fax：096-213-0702	宛名書き（毛筆・ペン字）（挨拶状、年賀状、暑中見舞い） 携帯灰皿作成、手提げ袋作成、封筒作成 切手・シール貼り作業、郵便番号仕分け作業 ノベルティー作成、サンプル作成、箱作成 梱包作業、チラシ・パンフレット折り作業、封入作業 データ入力作業、テープ起こし作業、デザイン作成、オペレーション作業 検品作業、紐通し作業、和裁・洋裁作業
	社会福祉法人　恵俊会 〒880-0024 宮崎県宮崎市祇園1丁目50番地 宮崎市心身障害者福祉会館1階 tel：0985-31-6441 fax：0985-32-5029	ホームページの作成・更新 エクセルを利用したデータベースにかかるデータ入力、パワーポイントの作成、ワードによる文章入力 印刷物の版下作成、各種のデータ入力、テープおこし
	NPO法人　いしずえ会 〒880-0035 宮崎県宮崎市下北方町上田々942番地6	ITサーバー構築および運用保守業務 WEBサイト制作業務 WEBリニューアルデータ移行業務 データ入力業務 アナログ情報デジタル化業務

出典：厚生労働省資料　　　　　　　　　　（令和元年6月1日現在）

4 登録団体以外で支援活動をしている団体

上記の登録団体以外にも、在宅就業障害者や事業主に対する支援活動を行っている団体があります。※下記以外にも全国にあります。

地域	名称	所在地
東北	NPO法人 せんだいアビリティネットワーク	〒981-8522 宮城県仙台市青葉区国見1-8-1 東北福祉大学内
東北	就労・自立支援ひらく (旧・manaby二日町事業所)	〒980-0801 宮城県仙台市青葉区木町通2-1-18　ノースコアビル6階
関東	社会福祉法人 視覚障害者支援総合センター	〒167-0034 東京都杉並区桃井4-4-3　スカイコート西荻窪2
関東	NPO法人 ウィーキャン世田谷	〒158-0097 東京都世田谷区用賀4-13-11 日興パレス用賀201号
関東	社会福祉法人 日本盲人職能開発センター	〒160-0003 東京都新宿区本塩町2-5
関東	特定非営利活動法人 障がい者就業・雇用支援センター	〒104-0045 東京都中央区築地1-2-1　プライムメゾン銀座イースト1104
甲信越	NPO法人 SOHO未来塾	〒390-0814 長野県松本市本庄1-4-10 KOMATSUマンション1階
近畿	NPO法人　滋賀県社会就労事業振興センター	〒525-0032 滋賀県草津市大路2丁目11-15
近畿	NPO法人 アイ・コラボレーション	〒525-0034 滋賀県草津市草津2-5-16
近畿	京都障害者ITサポートセンター	〒604-8036 京都市中京区三条通寺町東入石橋町14-4　ハートプラザKYOTO三条店内
近畿	大阪府ITステーション	〒543-0074 大阪府大阪市天王寺区六万体町3-21

4　登録団体以外で支援活動をしている団体

近畿	社会福祉法人 大阪市障害者福祉・スポーツ協会　中津サテライトオフィス	〒531-0071 大阪府大阪市北区中津1-4-10
	社会福祉法人 日本ライトハウス	〒538-0042 大阪府大阪市鶴見区今津中2-4-37
	株式会社 アンウィーブ	〒550-0004 大阪府大阪市西区靭本町2-2-17　RE006-401号
	キャドパーク	〒579-8066 大阪府東大阪市下六万寺町1-10-40　シティパーク瓢箪山414
	社会福祉法人 プロップ・ステーション	〒658-0032 兵庫県神戸市東灘区向洋町中6-9　神戸ファッションマート6E-13
	兵庫県立総合リハビリテーションセンター　職業能力開発施設	〒651-2181 兵庫県神戸市西区曙町1070
中国	公益財団法人 岡山県身体障害者福祉連合会　バーチャル工房おかやま	〒700-0807 岡山県岡山市北区南方２丁目13-1　岡山県総合福祉・ボランティア・NPO会館（きらめきプラザ）　１F
四国	NPO法人 JCI Teleworkers' Network	〒779-0303 徳島県鳴門市大麻町池谷字丸池29-3
	NPO法人 ぶうしすてむ	〒790-0821 松山市木屋町3-12-7
九州	NPO法人 イーアンザイレン	〒861-2202 熊本県上益城郡益城町田原2081-28　熊本ソフトウェア株式会社内
	NPO法人 アイ・ネットワークくまもと	〒862-0950 熊本県熊本市中央区水前寺6-51-3　シティビル水前寺3F
	NPO法人 障害者UP大分プロジェクト	〒870-0023 大分県大分市長浜町1-11-3　第三皐月マンション211号室

出典：厚生労働省資料　　　　　　　　　　　　　　　　　（平成31年3月現在）

あとがき

「働くことは人間としての根源であり、どんな働き方をしていてもそれは大きな社会資源である。その一つひとつの働き方を認め促す仕組みは、社会全体で構築すべきである」

今から10年ほど前、障害者雇用に関する調査研究事業の委員会において、ある委員が放ったこの一言は、当時この事務局・記録担当をしていた私にとって本題の行く末以上に印象に残り、この一文を議事録に目立つように残しました。以来、この言葉は、仕事につまずいたとき、迷ったとき、常に立ち返る原点として今日まで心に留め置いています。私が従事している「在宅就労グループ es-team」（エス・チーム、本書コラムなどで紹介）の変わらぬスローガン「働くカタチは、ひとつじゃない」も、まさしく同じ根を持つ大切な思いの象徴です。

日本の障害者雇用政策の根幹となる障害者雇用促進法は、その目的条文において「障害者の職業の安定や自立を図ることは社会連帯の理念に基づく」としています。雇用に対し、義務だからやむなしと消極的な企業もあれば、「福祉ではない」と成果主義を積極的に謳う企業、経営やイメージ戦略の一環として取り組む企業など考え方も多様ですが、本来はこの「社会連帯」なのです。その意味でも、昨年問題となった雇用率の水増し問題などは、私たちの先人が長年かけて築き上げてきた歴史の連帯をも裏切ってしまったことであると思っています。

話がそれましたが、「雇用とは異なる」スタイルで働く在宅就業障害者に対する企業等の発注奨励を基本とした在宅就業障害者支援制度が、「雇用を中心とする」この法律に盛り込まれたことについては、この理念に基づいて考えれば必然ともいえます。

私が所属する社会福祉法人東京コロニーは、戦後間もない頃、肺結核の元患者らが自らの手によって、仕事の場・生活の場を創り出した

のが原点です。現在のような公的な支援がほとんどなく、根強い偏見や差別に苦しみながらも「働く場所がないなら、自分たちで創り出す」と、道を拓き続けた当事者主体の精神は今も色濃く残っています。「在宅就労のパイオニア」という一面を東京コロニーが持っているのも、今から40年も前に、自らの手で将来図を描くという開拓精神が根幹にあったのかもしれません。今、この連帯の延長線上にわが身を置いていることをとても嬉しく思っています。

　本書は元々、共同執筆者である出縄貴史さんが中心となって企画し進められました。在宅就業障害者支援制度が始まった頃からのお付き合いとなりますが、出縄さんはこの制度に精通しているだけでなく、常に強いリーダーシップと行動力で顧客と向き合い実績を積み上げ、従業員や利用者の生活を支えてこられた方でもあります。私とは立場が異なれど、「在宅就業障害者支援制度の持つ課題を指摘しながらも、多くの企業にとって有用な制度であることを多くの人に知ってもらいたい」との思いにはいつも共感しています。敬服する氏が今回共同執筆のお声を掛けてくださったことで、これまで蓄積してきた在宅就業の現場経験を振り返り、この制度の現状と将来を改めて見据える機会をもいただいたものと思っています。

　本書を執筆するに当たり、多くの方のご指導や激励を頂戴しました。在宅就労のトップランナー、スペシャリストとして尊敬する東京コロニー職能開発室所長の堀込真理子さんからは、在宅就業支援にとどまらない幅広い知識と実績に基づく貴重なアドバイスをいただきました。勤務先である東京都葛飾福祉工場の皆さんは、国内初の身体障害者福祉工場を企業と渡り合える事業規模に成長させ、誰もが安心して仕事ができる環境を創り上げています。そして、「働くカタチは、ひとつじゃない」の実践者であるes-teamの仲間からは、一人ひとりの意欲・能力等々に合わせた仕組みがあれば多くの仕事が可能であること

を日々教わっています。

　天国から見守ってくれるお三方、施設利用者から東京コロニーのトップに上り詰めた前理事長の勝又和夫さんは、私の旅行会社勤務時代から縁をいただいて以来、まさに開拓精神の象徴でした。若くして亡くなったes-teamのメンバー佐久間庸さんの、最後まで働くことへの執念を見せていた姿と、お客様から感謝された数々のグラフィックデザインの成果物は忘れません。亡くなる直前までes-teamにエールを送ってくれた労働評論家・森清さんは多くのご著書を通じ、私達の仕事振りを若い世代の方にも広めてくださいました。改めて感謝申し上げる次第です。

　在宅就業障害者支援制度の普及には諸々の課題もありますが、多くのポテンシャルを秘めていることの証左でもあります。働く選択肢のひとつとしても、企業の有用なリソースとしても、より良い制度となるよう、微力ながらこれからも関わっていきたいと決意する次第です。

吉田　岳史

●参考文献

- 「新版　障害者の経済学」(中島隆信著、東洋経済新報社、2018)
- 「障害者の福祉的就労の現状と展望」(松井亮輔・岩田克彦編著、中央法規出版、2011)
- 「ディーセント・ワークへの障害者の権利」(アーサー・オレイリー著、松井亮輔 監訳 他4名訳、国際労働事務局、2007)
- 「福祉を変える経営　障害者の月給1万円からの脱出」(小倉昌男著、日経BP、2003)
- 「これからの障害者雇用を考える」(「三田評論」2018年12月号 対談 司会：中島隆信)
- 「『みなし雇用制度』の提言」(出縄貴史、「JL NEWS」2017年5月号 NO.111、公益社団法人日本発達障害連盟)
- 「障害者雇用における発注促進策と経営の質—ISO26000とインクルージョンの観点から—」(山田雅穂、日本経営倫理学会誌 第20号、2013)
- 「労働者と訓練生　雇用と福祉の問題を再考する」(出縄貴史、「職業リハビリテーション」第27巻第1号、日本職業リハビリテーション学会、2013)
- 「在宅就業障害者支援制度から考えるテレワークと障害者雇用」(吉見憲二他、情報通信政策レビュー第3号、2011)
- 「障害者の就労に対する発注促進策の特徴と当面の課題」(今井明、日本社会事業大学 研究紀要第57集、2011)
- 「在宅就業障害者支援ノウハウブック～障害者の就業機会の拡大に向けて～」(厚生労働省、2019)
- 「平成29年度 在宅就業障害者マッチング事例集」(厚生労働省、2018)
- 「『重度障害者の在宅就業において、福祉施策利用も視野に入れた就労支援のあり方に関する調査研究』報告書」(社会福祉法人東京コロニー、2010)
- 「障害者の在宅勤務・在宅就業ケーススタディ　—20の多様な働き方—」((独)高齢・障害・求職者雇用支援機構、2009)
- 「障害者の在宅就業を考える『Partners』」(厚生労働省、2008)
- 「『障害者の在宅就業に関する研究会』報告書—多様な働き方による職業的自立をめざして—」(厚生労働省、2004)
- 「東京コロニーの30年」(社会福祉法人東京コロニー、1983)

●著者略歴

出縄 貴史（いでなわ たかし）
株式会社研進 代表取締役
慶應義塾大学卒、三井住友海上火災保険（株）に27年間勤務。2005年4月より現職。福祉分野に企業的営業手法を導入、永年の発注企業であるホンダとの取引を中心に「いのちの森づくり」プロジェクトや施設外就労、福祉施設自主製品の販売促進等、事業の多角化を推進。現場からの問題意識を踏まえた提言活動にも注力している。
（執筆担当：第2章、第4章1、2、3（3）（4）、第5章、第6章、巻末資料）

吉田 岳史（よしだ たけふみ）
社会福祉法人東京コロニー勤務
法政大学卒、（株）日本旅行勤務等を経て1999年より現職。2005年より在宅就労グループ「es-team（エス・チーム）」マネージャー。翌年、在宅就業支援団体登録と同時に専任管理者となる。現在、多機能型就労支援事業所「東京都葛飾福祉工場」にて障害のある従業員の在宅就労推進に従事。社会保険労務士。
（執筆担当：第1章、第3章、第4章3（1）（2）、巻末資料）

〈引換券〉

よくわかる在宅就業障害者支援制度の活用と事例
～「みなし雇用」のすすめ

本書をお買い上げいただいた方のうち、視覚障害、肢体不自由などの理由により書字へのアクセスが困難な方に、本書のテキストデータを提供いたします（一部図表、資料除く）。
ご希望の方は、以下の方法にしたがってお申込みください。

データの提供形式…CD-Rまたはメールによるファイル添付（メールアドレスをお知らせください）

データの提供形式・お名前・ご住所・電話番号を明記した用紙、上の引換券および205円切手（メールによるファイル添付をご希望の場合は不要）を同封のうえ弊社までお送りください。
本書の内容の複製は、点訳・音訳データなど視覚障害の方のための利用に限ります。内容の改変や流用、転載、その他営利を目的とした利用は一切お断りいたします。

宛先
〒101-0032
東京都千代田区岩本町1-2-19
㈱日本法令　出版課単行本係

よくわかる在宅就業障害者支援制度の活用と事例
～「みなし雇用」のすすめ　　　　　　　　　令和元年8月20日　初版発行

		検印省略		
共　著	出縄	貴史		
	吉田	岳史		
発行者	青木	健次		
編集者	岩倉	春光		
印刷所	東光整版印刷			
製本所	国宝社			

〒101-0032
東京都千代田区岩本町1丁目2番19号
https://www.horei.co.jp/

（営　業）TEL　03-6858-6967　　Eメール　syuppan@horei.co.jp
（通　販）TEL　03-6858-6966　　Eメール　book.order@horei.co.jp
（編　集）FAX　03-6858-6957　　Eメール　tankoubon@horei.co.jp

（バーチャルショップ）https://www.horei.co.jp/iec/
（お詫びと訂正）https://www.horei.co.jp/book/owabi.shtml

※万一、本書の内容に誤記等が判明した場合には、上記「お詫びと訂正」に最新情報を掲載しております。ホームページに掲載されていない内容につきましては、FAXまたはEメールで編集までお問合せください。

- 乱丁、落丁本は直接弊社出版部へお送りくださればお取替えいたします。
- [JCOPY]〈出版者著作権管理機構 委託出版物〉
  本書の無断複製は著作権法上での例外を除き禁じられています。複製される場合は、そのつど事前に、出版者著作権管理機構（電話03-5244-5088、FAX 03-5244-5089、e-mail: info@jcopy.or.jp）の許諾を得てください。また、本書を代行業者等の第三者に依頼してスキャンやデジタル化することは、たとえ個人や家庭内での利用であっても一切認められておりません。

Ⓒ T. Idenawa, T. Yoshida 2019. Printed in JAPAN
ISBN 978-4-539-72698-3